中华传统美德百字经

理·以理导欲

于永玉　迟卉◎编

U0132975

　　一段历史之所以流传千古，是由于它蕴涵着不朽的精神；一段佳话之所以人所共知，是因为它充满了人性的光辉。感悟中华传统美德，获得智慧的启迪和温暖心灵的感动；品味中华美德故事，点燃心灵之光，照亮人生之路。

天津人民出版社

图书在版编目（CIP）数据

理：以理导欲 / 于永玉，迟卉编. —天津：天津
人民出版社，2012.1
（巅峰阅读文库. 中华传统美德百字经）
ISBN 978—7—201—07353—8

Ⅰ. ①理…　Ⅱ. ①于… ②迟…　Ⅲ. ①品德教育—中
国—通俗读物　Ⅳ. ① D648—49

中国版本图书馆 CIP 数据核字 (2011) 第 268684 号

天津人民出版社出版
出版人：刘晓津
（天津市西康路 35 号　邮政编码：300051）
邮购部电话：（022）23332469
网址：http://www.tjrmcbs.com.cn
电子信箱：tjrmcbs@126.com
北京一鑫印务有限责任公司印刷　新华书店经销
2012 年 1 月第 1 版　2012 年 1 月第 1 次印刷
690×960 毫米　16 开本　10 印张　字数：100 千字
定价：19.80 元

中国是一个具有悠久历史和灿烂文化的文明古国，也是举世闻名的礼仪之邦。在历史的长河中，中华民族创造出了绚丽多彩的物质文化和精神文化，为人类的发展和进步做出了重要贡献。其中，中华民族的传统美德被大家代代传承。

那么，什么是传统美德？什么是中华民族的传统美德呢？通常来说，传统美德就是在自觉或习俗的道德规范中，一些被大多数人所接受并实际奉行的，而且在现代仍有着积极影响的那些美德。具体到中华民族传统美德，概括起来就是指中华民族优秀的民族品质、优良的民族精神、崇高的民族气节、高尚的民族情感以及良好的民族礼仪等，是中华民族在历史实践过程中积累而成的稳定的社会优秀道德因素，体现在人们生活的方方面面，涉及政治、经济、文化、意识等领域，并通过社会心理结构及其他物化媒介得以代代相传。

经过长期的历史沉淀，中华传统美德已融入到中华民族的思想意识和行为规范中，成为社会道德文化的遗传基因，成为整个中华民族文化的精神内涵，也是中华五千年文明史的精髓所在。继承和弘扬中华民族传统美德，可以振奋民族精神，增强民族自尊心、自信心、自豪感和凝聚力，使社会主义道德规范具有更丰富的内涵，让社会主义、集体主义、爱国主义思想等更加深入人心，成为社会主义文化的主旋律。同时，还可以更好地协调人际关系，促进社会主义市场经济的健康发展，形成有中国特色的、适应社会发展的价值观和伦理道德规范。

前 言

国民的思想道德状况，尤其是青少年的思想道德状况，直接关系着一个国家、一个民族的整体素质，关系着国家前途和民族命运。目前，我国已进入改革发展的新时期新阶段，德育教育的价值和意义更是日渐凸显。大力弘扬中华传统美德，建设社会主义核心价值体系，促进社会主义文化的发展和繁荣，是建设全面小康社会的主要任务，更是实现中华民族伟大复兴的必然要求。因此，党中央非常注重我国公民道德建设，全社会也已形成了加强和改进思想道德建设的新风尚。

　　青少年是国家的希望，是民族不断发展和延续的根本，因此，青少年德育教育就显得更加重要。为了增强和提升国民素质，尤其是青少年的道德素质，我们特意精心编写了本套丛书——《中华传统美德百字经》。

　　本套丛书立足当前公民，尤其是青少年思想道德教育的现实，将中华民族的传统美德归纳为一百个字，即学、问、孝、悌、师、教、言、行、中、庸、仁、义、敦、和、谨、慎、勤、俭、恤、济、贞、节、谦、让、宽、容、刚、毅、睦、贤、善、良、通、达、知、理、清、廉、朴、实、志、道、真、立、忠、诚、公、正、友、爱、同、礼、温、信、尊、敬、恭、恕、责、仪、精、专、博、富、明、智、勇、力、安、全、平、顺、敏、思、积、利、健、率、坚、情、养、群、严、慈、创、新、变、革、争、谏、诲、齐、省、克、竞、求、简、洁、强、律。丛书内容丰富、涵盖性强，力图将中华民族传统美德的内涵囊括进去。丛书通过故事、诗文和格言等形式，全面地展示了人类永不磨灭的美德：诚实、孝敬、负责、自律、敬业、勇敢……

这些故事在中华民族几千年的历史长河中，一直被人们用来警醒世人、提升自己，用做道德上对与错的标准；同时通过结合现代社会发展，又使其展现了中华民族在新时代的新精神、新风貌，从而较全面地展示了中华民族的美德。

在本套丛书中，为了帮助读者更好地理解这些源远流长的传统美德，我们还在每一篇故事后面给出了"故事感悟"，旨在令故事更加结合现代社会，结合我们自身的道德发展，以帮助读者获得更加全面的道德认知，并因此引发读者进一步的思考。同时，为丰富读者的知识面，我们还在故事后面设置了"史海撷英"、"文苑拾萃"等板块，让读者在深受美德教育、提升道德品质的同时，汲取更多的历史文化知识。

前 言

这是一套可以打动人心灵的丛书，也是可以丰富我们思想内涵的丛书……《中华传统美德百字经》向我们展示的是一种圣洁的、高尚的生活哲学。无论在任何社会、任何时代，给予人类基本力量的美德从来不曾变化。著名的美国政治家乔治·德里说："使美国强大的不是强权与实力，而是上帝赐予的美德。假如我们丢失了最根本且有用的美德，导弹和美元也不能使我们摆脱被毁灭的命运。"在今天，我们可能比任何时候都更应关心道德问题，尤其是青少年的道德问题，因为今天我们正逐渐面临从未有过的道德危机和挑战。

人生的美德与智慧就像散落的沙子，我们哪怕每天只收集一粒，终有一天能积沙成塔，收获一个光辉灿烂的明天。《中华传统美德百字经》中的美德故事将直指我们的内心，指向人性中善良的一面，唤起我们内心深处的道德感。因此，中华民

族的传统美德也一定会在我们的倡导和发扬之下，世世传承，代代延续！

　　全套丛书分类编排，内容详尽、文字优美、风格独具，是公民，尤其是青少年思想道德建设的优秀读物。愿这些恒久流传的美文和故事能抚平我们每个人驿动的心，愿这些优秀的美德种子能在青少年身上扎根、发芽、生长……

理·以理导欲

所谓"理"，在唯物主义哲学中一般指事物的发展规律、条理；在唯心主义哲学中，主要指抽象观念、精神实体。"理"反映事物的本质和内部联系，以感性认识为基础，把丰富的材料进行去粗取精、去伪存真、由此及彼、由表及里的改造制作，就会飞跃和升华到这一高级阶段的认识。这种更深刻、全面反映客观事物的认识能更有效地指导行动。

"理"作为哲学概念出现于战国时期。《管子·四时篇》以阴阳为"天地之大理"。魏晋兴"辨名析理"之风，王弼认为理是事物的规律；郭象则认为理是必然性，即自然之理。北宋以后，理成为程朱理学的最高哲学范畴。朱熹认为理是天地万物的主宰，是万事万物运动变化的推动者，是真理和道德的标准。陆九渊提出"心即理"的命题，王守仁也强调"心外无理"。明清之际的王夫之提出"理者气之理"的学说，认为理是"物之固然，事之所以然也"。他所说的理，一指自然规律；二指道德准则。

韩非子云："贪如火，不遏则燎原；欲如水，不遏则滔天。"大千世界，芸芸众生，每个人都有各自的欲望，即便想"无欲"的人本身就怀着一种强烈的欲望。"欲炙则身亡"，这句话值得我们仔细体味。什么是欲炙？就是人的欲望极度膨胀，导致人不能正确认识事物，也不能认识自己，丧失了人生方向。这就需要我们以理导欲了。这就要求我们要始终抵制"私欲"膨胀，摒弃"利欲"攀比，战胜"物欲"诱惑，"仁者之德，从政之本"，克己奉公，持正守白，以理导欲，永葆本色。

所谓以理导欲，就是通过理性把欲求控制在"无过无不及"的程度，形成一种"非理之财莫取，非理之事莫为"，欲不逾矩、欲不损德的价值观。

人的一生，离不开自律与导欲。能做到自律与导欲，才能同形形色色的诱惑抗争。我们要固本培元，让正气充溢其间，以正气的歌声去压倒各种各样充满诱惑的迷魂曲，成为一个堂堂正正的人！古往今来，以理导欲的经典事例数不胜数，从陶朱公功成不居，到巴金轻名利；从诸葛亮不谋私利，到以静制怒的林则徐；从子产行有度，到龙大道毕生求真理。这些感人肺腑的故事，都在诠释着以理导欲的真正意义之所在。

那么，如何做到以理导欲呢？

首先要分清正欲与邪欲。正欲与邪欲，在许多方面是泾渭分明、对立并存的。但有时又往往是正邪混淆，难分难辨，稍不注意，就会以邪为正，背正入邪。这就需要在两方面下工夫：一方面是以理辨欲，以正确的理论为依据，划清什么是正欲，什么是邪欲；什么是公欲，什么是私欲，择其善者从之。另一方面是以理制欲，用正确的思想引导欲求的实现，遏制恶欲的发展。

其次，要把好节欲与纵欲的关口。追求个人欲望的实现千万任性、放纵不得，不能违背党纪国法，不能违背公众标准道德。适度为利，失度成害。做到节而不过，遂而不纵，谨防伤身败德。

再次，要求为官者要处理好民欲与己欲的关系。不仅要坚持与民同欲，同甘共苦，而且要把"体民之情，遂民之欲"作为应尽的责任和义务，热心地为群众排忧解难，谋利造福，把个人的欲求置于群众的欲求之下，做到"先天下之忧而忧，后天下之乐而乐"。

新时代的价值观必然以对于个人与社会、物质生活与精神生活关系的正确理解为基础。中国古代重义轻利、重理轻欲、重德轻力的传统应该有所改变，应肯定义与利的统一、理与欲的统一、德与力的结合。但是，如果见利忘义、唯利是图，必走向失败；如果无礼无义、人欲横流，必定引起混乱；如果唯力是崇，不顾德教，难免失道寡助。以义兴利、以理导欲、兼重德力，才是正确的道路。

价值观的更新，在于对于真、善、美的更深切理解，而不在于对真、善、美的背离。我们应力求做到理制于心显淡泊、理存于心行有度以及寓理于行行有则，达到实现真、善、美的更高境界。

目录

ZHONGHUACHUANTONGMEIDEBAIZIJING

中华传统美德百字经

理·以理导欲

第一篇

理制于心显淡泊

颜回悟乐天知命之理

◎得而不喜，失而不忧。——《易经》

> 颜回（公元前521—前481年），字子渊，春秋时期鲁国人，14岁即拜孔子为师，此后终生师事之。在孔门诸弟子中，孔子对他称赞最多，不仅赞其"好学"，而且还以"仁人"相许。历代文人学士对他也无不推尊有加，宋明儒者更好"寻孔、颜乐处"。自汉高帝以颜回配享孔子、祀以太牢，三国魏正始年间将此举定为制度以来，历代统治者封赠有加，无不尊奉颜子。

　　春秋末年，在繁华的鲁国国都曲阜城中有一处极淡雅宁静的院落。院中整齐洁净，纤尘不染，竹梅并茂，暗香浮动，房屋的主人孔子正独自愁云满面地闲坐厅中。

　　一会儿，弟子子贡手托茶盘走进厅中，将茶杯轻轻放在孔子身旁的小几上，孔子竟然丝毫未觉。子贡见孔子面带忧烦，也不敢惊动，便悄悄地退了出去。

　　子贡出来以后，担心地对颜回说："老师今天看起来很忧愁，不知道是什么缘故呀？"

　　颜回想了想，就笑着说："我能使老师转忧为喜。"

　　子贡半信半疑。只见颜回拿来一把瑶琴，席地坐在院子中央，抚琴而歌。

　　"铿、铿、铿"几下琴声，就如冰消雪释，泉水欢快地涌出山谷。颜回引吭高歌，歌声圆润嘹亮，琴声伴和，仿佛春回大地，百鸟齐鸣。琴声与歌声更加抒臆，仿佛风花雪月，韵华当年。琴声转入高潮，歌声也随之直冲云霄，仿佛长虹贯日，雪霁天晴，人寿年丰，昌盛繁荣。曲终奏雅，一气呵成。怦然而止，余音绕梁。真是曲尽其妙，歌尽其情，如悬河泻水，淋漓尽致啊！

子贡听得喜悦欢畅，如醉如痴。颜回仍旧端坐院中，微笑不语。一会儿，果然孔子站在厅口，召唤颜回入厅叙话。

颜回走进厅中，孔子便问道："你为什么一个人那么快乐呢？"

颜回躬身，反问道："老师您为什么一个人那么忧愁呢？"

孔子看了看颜回，说道："先说说你的道理吧。"

颜回回答道："我过去常听老师您说，乐天知命就不忧愁。我跟随老师学习多年，对天、命也略微有所知、有所悟了，所以弹琴高歌，直抒胸臆，快乐无比。"

孔子凄然垂首，沉默了好一会儿，才叹息地抬起头，说道："有这种说法吗？你的理解太狭隘了。这是我过去的说法，今天我要为你重新解释它的本义。"

颜回很是惊奇，忙凝神侧立，等待孔子讲解。

孔子继续说道："你只知道乐天知命没有忧愁，却不知道乐天知命有大忧愁呀！静心修养自身，不管穷困还是显达，都在天由命，所以都不在意。这就是你所说的乐天知命没有忧愁的意思。从前我编著《诗》、《书》、《礼》、《乐》，想用它们治理天下，并遗留给后世子孙。不仅仅只想用它们修养自身，治理鲁国一个国家。可是，当今鲁国的君臣日益丧失他们本来的秩序，仁德义气衰微，人情友谊薄如白纸。《诗》、《书》、《礼》、《乐》在当前的鲁国都不能推行，又何谈治理天下，遗留后代呢？我这才知道它们对于治乱没有什么补益，但也没有改革它们的办法。这就是乐天知命的忧愁之处呀！即使这样，我还是明白了，'乐'与'知'并不是古人所说的'乐'与'知'。无乐无知，是真乐真知，所以无所不乐，无所不知，无所不忧，无所不为。《诗》、《书》、《礼》、《乐》还有必要改革吗？"

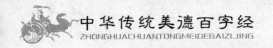

颜回听后，肃然起敬，拱手再拜，说道："我也明白了。"

颜回出来后，就把这件事告诉给子贡。子贡听了，茫然不解，便回到家中闭门反思。整整苦思了七天七夜，废寝忘食。颜回再去看他时，只见他形容枯槁，瘦骨嶙峋。颜回大吃一惊。就悉心讲解，做喻点拨。子贡感到心中豁然开朗，身体很快复原了。于是，便重返孔丘门下，抚琴高歌，读书诵史，终生不止。

◎故事感悟

这个故事是列子借孔子与弟子的言论，说明知天命、克制欲望思想的道理。乐天知命本来被认为是圣人修养的最高豁达境界。克制自己的欲望，知天命而顺其自然，只有无乐无知的"无为"之道，才是人的最高境界。

◎史海撷英

颜回师从孔子

颜回跟随孔子周游列国，过匡地遇乱以及在陈、蔡间遇险时，子路等人对孔子的学说都产生了怀疑，而颜回却始终不渝，并解释道："老师的理想很高，学问很深，所以才不被一般世人所理解、采用，这正是他们的耻辱。"孔子听了颜回的话后，感到很高兴。

颜回向来以德行著称，严格遵照孔子关于"仁"、"礼"的要求，"敏于事而慎于言"，所以孔子经常称赞颜回具有君子"四德"，即强于行义、弱于受谏、怵于待禄、慎于治身。颜回终生所向往的，就是出现一个"君臣一心，上下和睦，丰衣足食，老少康健，四方咸服，天下安宁"的无战争、无饥饿的理想社会。

公元前481年，颜回去世，葬在鲁城东防山前。孔子对颜回的早逝感到极为悲痛，不禁哀叹说："噫！天丧予！天丧予！"

◎**文苑拾萃**

孔子泣颜回

（宋）曹勋

噫嘻吁，天欤人欤，回也抑亦子之命欤，而其或者天实使之丧予。

何仁者之不寿，而中道之弃兮。

噫嘻吁，回欤回欤，其吾道之穷欤。

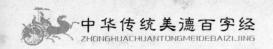

介子推不慕名利

◎不以一毫私利自蔽，不以一毫私欲自累。——朱熹

晋文公（公元前697—前628年），姬姓，名重耳，与周王室同宗。春秋时期著名的政治家，晋国国君，春秋五霸之一。晋献公之子，因其父立幼子为嗣，曾流亡国外19年；后在秦国援助之下，于62岁时回国继位。在位9年去世。

晋文公重耳在流亡回国后，一一赏赐了曾经跟随他一起逃亡的人，唯独微臣介子推因为没有提及禄位，所以晋文公也就没有封赏他。介子推对母亲说了一些对赏赐的看法，母亲对他说："你何不也去讨赏呢？万一这样死了，又能抱怨谁呢？"

介子推回答说："明知错误而去效仿，那错误就更大了。而且我已口出怨言，是不能吃他的俸禄了。"

母亲说："那也该让君王知道一下。"

介子推说："言语，是身体的文饰，身体都将要隐藏了，哪里用得着文饰？这不是故意把身体显露吗？"

母亲说："你能这样吗？如果能，我就和你一起隐居！"

于是，介子推母子两人一起隐居山中而死。后来，晋文公到处找他，但始终没有找到，只得把绵山（今山西介休东南）作为他的封地追赠给他，并说："用这来记载我的过失，并表彰贤明善良的人。"

◎故事感悟

　　介子推这种不慕名利、理制于欲的淡泊之心，是我们常人不能及的。当今社会，仍存在着一些人为追逐名利而六亲不认，甚至与亲朋好友反目成仇的现象。对于这种人、这种现象，我们一定要杜绝，并将"理"这个词藏于心间，时刻警醒自己！

◎史海撷英

介子推功不言禄

　　重耳在逃亡了19年后，因得到秦缪公的相助，得以返国即位。与介子推一起追随重耳19年的咎犯担心先前出奔在外，多有冒犯重耳之处，因此假意请辞。介子推认为，重耳历尽艰险，重返王座，是上天相助。咎犯身为臣子，挟功要君，惺惺作假，所以早有归隐之意的介子推耻与其为伍，于是借此机会归隐乡间。

　　晋文公登基后，按功绩对臣子们一一封赏，唯独漏赏了介子推，"推亦不言禄，禄亦不及"。有人为介子推的遭遇抱不平，将一首诗挂在宫门口：龙欲上天，五蛇为辅。龙已升云，四蛇各入其宇，一蛇独怨，终不见处所。晋文公看到后，马上派人召介子推，得知介子推已携老母隐入绵山，于是将绵山之地封与介子推，并改名"介山"。

◎文苑拾萃

寒食节的来历

　　介子推在隐居到绵山后，晋文公感到很懊悔，便亲自去绵山寻找，但介子推始终避而不出。于是，晋文公下令焚山，企图逼介子推出山。不料介子推却坚决不下山，最终抱着一棵柳树死去了，晋文公感到悲痛万分。

　　为哀悼介子推，晋文公下令全国将介子推被焚的三月五日设为火禁日，禁止烟火，仅食寒食，并从此形成了中国古代一个著名的节日"寒食节"。虽然寒食节的真正起源并非来自于此，但将纪念介子推作为寒食节起源的说法却最为流行，甚至后来寒食节逐渐被清明节取代，许多人又把纪念介子推说成是清明节的起源。

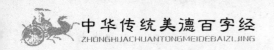

列御寇不为人先

◎放得功名富贵之心下，便可脱凡。——洪自诚

> 列御寇（生卒年不详），东周威烈王时期郑国圃田人（今河南省郑州市），战国早期著名的思想家，是老子和庄子之外的又一位道家思想代表人物，与郑缪公处于同一时期。其学本于黄帝老子，主张清静无为。后汉班固《艺文志》"道家"部分录有《列子》八卷。《列子》又名《冲虚经》，于公元前450至前375年所撰，是道家的重要典籍。今本《列子》八卷，从思想内容和语言使用上看，可能是后人根据古代资料编著的。全书共载民间故事寓言、神话传说等134则，是东晋人张湛所辑录增补的，题材广泛，有些颇富教育意义。

列御寇是个非常有名的人。有一本书，名叫《列子》，传说就是他著的。他在道家中地位很高，道家把他尊为前辈。人们常常把他同老子和庄子并提。

据说，列子曾向壶丘子林学道，也就是学做人的道理。壶丘子林对列子说："你懂得了持后、不为人先的道理，也就明白了持身做人的道理。"

列子说："请给我讲一下持后的道理。"

壶丘子林说："你回头看一眼自己的身影，就明白了。"

列子回首观望，看到形体弯曲，影子也随之弯曲，形体正直，影子也就正直。

列子恍然大悟，影子的曲与直在于形体，而不在于影子本身。如果影子弯曲，不应责备它，而要先正直形体才对。

列子说道："做人的道理也是如此吧。做人应当知本，一味去同别人争夺，以为只有比别人高，站在前面，就能得到，其实这是不知道得失的根本原因哪！应当放弃表面上的争夺，因为得与失是出之有因的，所以在别人厮杀不已的时候，我则要退后，退后才是真正的在先。"

列子得道后，躲开了人世间的钩心斗角、尔虞我诈，不理睬那些荣华富贵，同他的妻子到一个宁静的乡间过着平淡的日子。

他每天都是担水砍柴，耕地做活，待人平和安详，遇事谦让，少言寡语，平凡得不能再平凡了。看起来就是一个本本分分、老老实实的乡下人，一点锋芒都没有。

虽然他本人从不想让别人知道自己，但是列子的名声却越传越远，人们都非常钦佩列子的修养已到了没有锋芒、没有光耀的境界。

列子和他的妻子日子过得很清贫，列子的脸上带着饥饿的颜色。

当时，子阳在郑国做宰相，子阳是个很有才华的人，是那个时代出名的政治家。一天，一位客人来到郑国，在同子阳谈话时就提到了列子。

那位客人对子阳说："列御寇是一位有道的人，他住在您的国家里却过着贫困的生活，难道说您不喜好贤士吗？"

子阳听了感到很不舒服。当时人们认为礼尚贤士，表明一个统治者是有品德的圣君，况且只有尊重贤能之人，才会有人归附他，增强自己的力量。当时诸侯争霸，每个国家都希望得到天下人的帮助。

于是，子阳就派手下官吏做自己的使者，送粮食给列子。

列子很恭敬地接待使臣，一再对子阳表示感谢，最后表示不能接受赠送的粮食。就这样，列子把使臣送走了。

列子送走使者走回家门，他的妻子很不满意，望着他拍着胸口说："我听说做有道人的妻子，都可以得到安逸和快乐，活得自由自在，可我们却是面带饥色。宰相子阳派人来送给你粮食，你却不接受，这是命中注定要受苦吗？"

列子笑着对妻子道："你对我并不了解啊！子阳是听信了别人的话才来给我送粮食，以后也会因为听信别人的话而加罪于我的，这就是我不接受的理由。"

后来，人们果然发难杀掉了子阳。

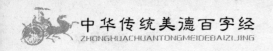

◎故事感悟

　　利中潜藏着害，靠近利益的人也就靠近了祸害，在子阳的利益范围内的人，都受到他的祸害的威胁。知道了相反相成的道理，也就能放下追求利益的贪心了，这就是列子甘愿清贫的原因。

◎史海撷英

列子学射

　　列子学射箭，射中了一次，于是列子就向关尹子请教射箭。

　　关尹子说："你知道你射中靶心的原因吗？"

　　列子说："不知道。"

　　关尹子说："这样还不行。"

　　列子回去后，又开始练习射箭很多年，之后列子向关尹子报告。

　　关尹子说："你知道射中靶心的原因了吗？"

　　列子说："知道了！"

　　关尹子说："很好，好好练习把握这个技巧，不要让它荒废了。不光是射箭，治国修身也是这样。所以圣人不关心结果，而注重了解清楚整个过程。"

清心寡欲才能治理好国家

◎天生我材必有用，千金散尽还复来。——李白

魏惠王（公元前400—前319年），或称魏惠成王，战国时期魏国的第三代君主，在位期间为公元前369—前319年。原名魏罃或魏婴，魏武侯之子。魏武侯死后，魏罃与公子缓（魏缓）争立君位成功。即位初，以公孙痤为相，一度攻破秦孝公于栎阳，秦退回雍城。魏惠王六年（公元前364年）四月十三日，把都城从安邑（今山西夏县西北禹王村）迁至大梁（今河南开封东南），因此在《孟子》一书中又称为梁惠王。

魏惠王魏婴在范台宴请各国诸侯。酒喝到酣畅时，魏惠王向鲁共公敬酒。

鲁共公站起身，离开自己的坐席，正色道："从前，舜的女儿令仪狄酿造美酒，把酒献给了禹，禹喝了之后也觉得味道醇美。但因此就疏远了仪狄，戒绝了美酒，并且说道：'后世一定有因为美酒而使国家灭亡的。'齐桓公有一天夜里觉得肚子饿，想吃东西，侍臣易牙就煎熬烧烤，作出美味可口的菜肴给他送上。齐桓公吃得很饱，睡到天亮还不醒，后来说道：'后世一定有因贪美味而使国家灭亡的。'晋文公得到了美女南之威，三天没有上朝理政，于是就把南之威打发走了，说道：'后世一定有因贪恋美色而使国家灭亡的。'楚灵王登上强台远望崩山，左边是长江，右边是大湖，登临徘徊，惟觉山水之乐而忘记人之将死，于是发誓不再游山玩水。后来他说：'后世一定有因为修高台、山坡、美池，而致使国家灭亡的。'现在您酒杯里盛的好似仪狄酿的美酒；桌上放的是易牙烹调出来的美味佳肴；您左边的白台，右边的闾须，都是南之威一样的美女；您前边有夹林，后边有兰台，都是强台一样的处所。这四者中

11

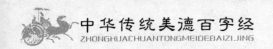
占有一种，就足以使国家灭亡，可是现在您兼而有之，能不警戒吗？"

魏惠王听后，连连称赞谏言非常好。

◎故事感悟

清心寡欲，克制自己的贪婪之心，是我们应遵循的原则。古代的先贤讲修身才可以治国平天下，鲁共公劝谏魏惠王"纵欲者必亡其国"，贤相魏征曾劝唐太宗在十个方面检讨自己，后世人称之为《谏太宗十思疏》，其中第一点就是："见可欲，则思知足以自戒。"

◎史海撷英

魏惠王问政孟子

魏惠王问孟子，如何才能治好国家？孟子说：只要不去剥夺农民耕种的土地，粮食就吃不完；不拿过密的渔网去捕鱼，水产就吃不完；砍伐木材有定时，木材就用不尽。这样，老百姓就感到满足了。他还说：在五亩大的住宅旁种上桑树，上了50岁的人就可以穿上丝棉袄；鸡和猪狗一类家畜不要耽误繁殖饲养的时间，上了70岁的人就可以经常吃到肉；一家一户所种百亩的田地能及时耕种，数口的家庭就不会闹饥荒；认真地办好教育，孝顺父母，尊敬长上，老人就不再用为自己生活奔劳。这样，就能得到人民的拥戴。

魏惠王又说，自从自己继位以来，被秦国和齐国多次打败，感到这是奇耻大辱，要怎样才能报仇雪耻呢？孟子说：地方百里而可以王。王如施仁政于民，省刑罚，薄税敛，深耕易耨；壮者以暇日修其孝弟忠信，入以事其父兄，出以事其长上，可使制梃以挞秦楚之坚甲利兵矣。

总之，孟子劝魏惠王要"施仁政，行王道"。

◎文苑拾萃

三人成虎的典故

魏国大夫庞葱要陪魏国太子到赵国去做人质。庞葱对魏王说："现在，如果有一个人说街市上有老虎，您相信吗？"

魏王说："不相信。"

庞葱说："如果是两个人说呢？"

魏王说："那我就要疑惑了。"

庞葱又说："如果增加到三个人呢，大王相信吗？"

魏王说："我相信了。"

庞葱说："街市上不会有老虎那是很清楚的，但是三个人说有老虎，就像真有老虎了。如今，赵国离大梁比我们到街市要远得多，而议论我的人也超过了三个，希望您能明察秋毫。"

魏王说："我知道该怎么办。"

于是庞葱告辞而去。而议论他的话也很快传到魏王那里。后来，魏太子结束了人质的生活，而庞葱果真不能再见到魏王了。

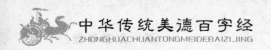
明理塞翁对失马的预言

◎也笑长安名利处，红尘半是马蹄翻。——僧尚颜

刘安（公元前179—前122年），汉高祖刘邦之孙，淮南厉王刘长之子。文帝八年（公元前172年），刘长被废王位，在旅途中绝食而死。文帝十六年（公元前164年），文帝把原来的淮南国（在今寿县）一分为三封给刘安兄弟三人，刘安以长子身份袭封为淮南王，时年16岁。

西汉淮南王刘安在位期间，北部的边疆地区叫做边塞，边塞以外居住着胡人。

边塞地区空旷辽阔，大草原一望无际。这里时常发生战争，为了防范和进攻敌人，中原的汉人统治者在边塞派驻着部队，至于汉人居民则为数稀少，不多的村落零星地点缀在这片土地上。就在边塞这个地方，生活着一家人。这家的主人是个年纪很大的老人。

塞翁一家养了一匹马，一家人对这匹马极其珍爱，精心饲养。他们又能十分了解马的性情，非常善于养马。

塞翁家的马膘肥体壮，通身上下闪着油光，神采奕奕，威风凛凛，昂首长鸣，声达数里。它在草原上奔驰，有如旋风一样，气势夺人心魄。村里人每当遇见塞翁家的人，都要称赞一番这匹马，说它是宝马。

可是有一天，这匹马却不知什么原因，跑到了胡人的地区。在这一片大草原上，一匹马一旦跑进去就无影无踪了。

丢了马，这对塞翁一家人来说无异一场大祸。塞翁的儿子痛苦不堪，村里人也都来到塞翁家安慰他们，每个人都不免连连叹息，面带忧色。

在大家都忧伤的时候，唯独塞翁若无其事，丝毫没有显出悲伤哀愁的样子。塞翁对来的人说："不必忧伤吧，谁能说这不是件好事呢？"

塞翁仍然从容平和地过他的日子，一如既往，好像马并没有丢失一样。在塞翁看来，丢了马不仅不是坏事，可能还是好事哪！

过了几个月，正像塞翁预料的那样，那匹马竟然又跑回了家，而且不是自己单独回来的，还带回了一批胡人的骏马。

村里人听说这事，又都来了，他们来恭贺。人们围着这匹马，连称："宝马，宝马，真是宝马！"

然而，塞翁对这笔意外之财却无动于衷，没有露出一点高兴的样子。他对来的人说："又有谁能想到，这不是一件坏事呢？"

可是，塞翁的儿子却高兴得不得了，他毫不理会他父亲的话，每天都要骑上马四处奔跑，逢人便夸耀一番。

过不多久，塞翁的儿子从马上摔下来，摔断了腿。

这时村里人又都来到塞翁家，表示遗憾。这一次，塞翁竟又说了与众不同的话："谁能想到，这又不是一件好事呢？"

塞翁的话又一次应验了。

过了没几天，两国交战。居住在边塞的青年人都被叫去打仗，死亡的危机开始降临到这些人头上。有青年男子的家无不惊恐万分，他们呼天抢地，悲痛欲绝。而塞翁的儿子因为断了腿，侥幸就没有被拉去打仗。

◎故事感悟

塞翁的豁达，在于他明白祸福相倚的"理"："祸兮福之所倚，福兮祸之所伏"，所以他能够保持平淡心，得之不喜，失之不忧。具有大智慧的人所坚持的人生态度，其中就有这样的准则，既不为眼前的利益所诱惑，也不为一时的失利所迷惑。

◎史海撷英

刘安治国

淮南王刘安在被封王后，其治国思想就是"无为而制"。他对道家思想进行了改进，而且不循先法，不守旧章，遵循自然规律，制定了一系列轻刑薄赋、鼓励生产的政策，并善用人才，体恤百姓，使淮南国出现了国泰民安的景象。

尽管刘安的治国政策得到了百姓的拥护，但在那独尊儒术的时代，他所奉行的道家思想仍然屡遭谗言。汉武帝元狩年（公元前122年），武帝以刘安"阴结宾客，拊循百姓，为叛逆事"等罪名，派兵进入淮南，刘安被迫自杀。

◎文苑拾萃

胡人

胡人是中国古代对北方边境及西域各民族人民的称呼。通常是指中国北方以及西方（现今内蒙古、黑龙江及新疆等地）的游牧民族。

先秦时期，中国将北方少数民族称为北狄，秦汉以后又称他们为"胡人"。"胡人"主要包括匈奴、鲜卑、氐、羌、突厥、蒙古、契丹、女真等部落。"胡"在古时带有藐视的意义，指不文明、未开化的化外之民。

严遵的淡泊之心

◎莫言名与利，名利是身仇。——杜牧

> 严遵（生卒年不详），字君平，西汉蜀郡人。好老庄思想，隐居不仕，在成都以卜筮为生。他著有《老子指归》，使道家学说更条理化。扬雄少时以严遵为师，称赞严遵"不作苟见，不治苟得，久幽而不改其操，虽随和无以加之"。后人为纪念严遵，更把他居住的街道命名为"君平街"。

　　严遵生性清高淡泊，不去官场做官，反而隐居起来。他时常去城里的集市上给人占卜，当天就能得到很多钱自给自足，以此为生。他给人占卜完了以后，便撤下幌子收起占卜的摊子闭门不出，全身心地写书弄文。

　　扬雄年轻的时候跟严遵是同窗至友，他们一起游历名山大川，修养品德，增长学识。扬雄多次称赞严遵的出众才华和美好品德。后来他们的至友李强做了益州牧，李强高兴地对扬雄说："我做了益州牧没有别的心愿，如果能把严遵兄请出来，与我一起共计大事，我也就心满意足了。"扬雄听了微微一笑说："既然是这样，你可要以最尊贵的礼节去请他出山。我这个朋友禀性清高淡泊，恐怕是不能屈就的。"

　　当地有个叫罗冲的富豪疑惑不解地问严遵："你如此有才有德，怎么不去官场做官呢？"

　　严遵说："主要是没有什么东西能够引发我、激起我去做官的念头。"罗冲听了他这话，便去给他准备车马、衣服和干粮。

　　严遵却对他说："我身体不好，病了，并不是有什么不满足的地方。倒是

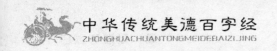
我拥有的东西绰绰有余，而你不足。你怎么还用你的不足来奉我的有余呢？"

罗冲不服气地说："我有金子万斤，而你连一担石头也没有，还宣称自己有余，这不是很荒唐吗？"

严遵又不慌不忙地说："你完全没有理解我的话，并不是像你说的那样。我以前住在你家，替你做事，的确很安定，吃穿不愁，但很辛苦，精神上始终也得不到休息和放松，可以说从来不曾满足过。而现在我以给别人占卜为业，自己能挣到钱，而且很多钱都落满了灰尘，让我不知道怎么来使用，这难道不是我有余，而你不足吗？"

罗冲听了非常惭愧。

严遵禁不住连连感叹说："供给我物质享受的人，却损害了我的精神；使我名声显赫的人，却伤害了我的身体。所以我不能去做官。"

当时世上的人都很佩服严遵，一致称道他的品德。

◎故事感悟

诸葛亮《诫子书》中说："夫君子之行，静以修身，俭以养德，非淡泊无以明志，非宁静无以致远。"这是一种用"理"抑欲的境界。淡泊于功名利禄者，往往不愿向权贵屈服。只有具备这种品德之人，方能放下手中的利益，做到"理制于心"。

◎史海撷英

严遵开创民办学校

西汉末年，严遵在蜀地已是很著名的教师了，但是，他治学的道路与孔子完全不同。西汉汉景帝时期，蜀郡守文翁在现在的成都市文庙街一带开办了石室学校，这是中国历史上第一个地方官学。从此，汉朝便开始在各郡县开办地方官学以文化天下。现在，在成都市文庙街的旁边有一条君平街，这里就曾是严遵开办学校的地方。

　　然而，严遵毕竟不同于孔子，他是个典型的民间学人。虽然接受了不少儒家思想文化，但严遵的知识底蕴还是老子学说和蜀学本地文化传统。而无论是老子的学说，还是蜀地的本地文化学说，都是不热衷于当官的，也就是学习的目的，是为了发展地方生产和家庭生活水平的提高。因此，这样的务实的教育宗旨也注定了严遵不会长期依附于石室官学。因此，在四川各地都有严遵的教育遗迹，在郫县一带开辟的"读书台"，也就是我们现在所说的民间民办学堂，一直到1971年才被当地拆掉。

◎文苑拾萃

《老子指归》节选

（西汉）严 遵

　　故无为，生之宅；有为，死之家也。

　　夫立则遗其身，坐则忘其心。澹如赤子，泊如无形。不视不听，不为不言，变化消息，动静无常。与道俯仰，与德浮沉，与神合体，与和屈伸。不贱为物，不贵为人，与王侯异利，与万牲殊患。死生为一，故不别存亡。此治身之无为也。春生夏长，秋收冬藏。奉主之法，顺天之命。内慈父母，外绝名利。不思不虑，不与不求。独注独来，体和袭顺。辞让与人，不与时争。此治家之无为也。尊天敬地，不敢忘先。修身正法，舍己任人。审实定名，顺物和神。参伍左右，前后相连。随时遁理，曲因其当。万物并作，归之自然。此治国之无为也。冠无有，被无形，抱空虚，履太清。载道德，浮神明，秉太和，驱天地，驰阴阳，骋五行，从群物，涉玄冥。游乎无功，归乎无名。此治天下之无为也。

　　贪生利寿，唯恐不得。强藏心意，闭塞耳目。导引翔步，动摇百节。吐故纳新，吹煦呼吸。被服五星，饮食日月。形神并作，未尝休息。此治身之有为也。

严光明理拒刘秀

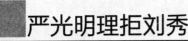

◎看破红尘，顿开名缰利锁。——李汝珍

　　严光（生卒年不详），本姓庄，后人避汉明帝刘庄讳改其姓，一名遵，字子陵，浙江余姚人。少有高名，与刘秀同游学。东汉建武元年（25年），刘秀即位为光武帝，严光乃隐名换姓，避至他乡。后归故里，80岁卒于家。诏郡县赐钱百万、谷千斛安葬，墓在陈山（客星山）。

　　严光年轻的时候就有很高的名望。他同光武帝刘秀是同窗，曾经在一起游历、治学，到了光武帝即位的时候，严光已经改名换姓，隐居山野。光武帝非常思念他的贤德，就挑选部下去寻找他。

　　后来齐国上奏说："在齐国境内，经常看见一个男子，身披羊毛大衣，在江边钓鱼。"光武帝看了奏本，思前想后，越想越觉得这个人是严光。于是就派安车玄纁前去请严光。被派出的人一连三次都很踌躇，中途返了回来，最后才不得不硬着头皮去了。

　　司徒霸同严光平素有很深的交情，光武帝就想请严光到司徒霸的住所来叙谈请他出山的事，于是派遣大使西曹属侯子道带着司徒霸的亲笔信前去。

　　严光看见使者来了，却在床上盘腿大坐，不肯起来相见。看完书信以后，他问使者："皇上一向疑心很重，现在却先后派三个人来，你们能保证不出现一点小的闪失吗？"

　　使者说："皇帝的皇位已经坐稳了，国家治理得也昌盛了，不再疑心了。"

　　严光又说："皇帝既然派遣你来，怎么你又说是替司徒霸来传话的呢？"

严光见使者沉默不语，一时答不上话来，又说："你说天子不疑心，如果真是不疑心的话，为什么先后三次派人来呢？圣贤的明主尚且不来相见，难道我能见别人的臣子吗？"

使者见带来书信也请不动严光，一时没了办法，就请求严光写封回信。不料严光却说："我生病了，不能写字，就把我的意思口授给你吧。"口授后，使者却嫌严光留的话太少，认为他本可以留下更多的话。

严光却意味深长地说："这跟买菜差不多。买菜，要选好的买，不能只贪图量多。"

使者回来以后，把这封口授书信交给了司徒霸。司徒霸丝毫不敢怠慢，马上把这封信上复皇帝。光武帝看完不由得开怀大笑说："只有严光这个狂妄的小子，才能做得出这样的事情来呀！"

当天光武帝就叫人驾车，亲自光顾严光的住处。严光在床上躺着，微闭着双眼，不肯起来。光武帝见此情形，便脱鞋上床，躺在严光身边，并且用手拍着他的肚子说："子陵啊，我们是多年的故交。现在我做了皇帝，你不来辅佐我共计国事，这个道理说不通啊！"

严光假装睡觉没有回话。过了很长时间，才睁开眼睛，看着光武帝说："古时候唐尧注重人的品德，巢父注意听取别人的意见，所以有才有志的贤士都甘愿辅佐他们，哪里用得着强迫呀。"

光武帝听了这话有些失望，不禁长叹一声："唉！子陵啊，没想到我亲自来也请不动你呀。也罢，我不强求，随你吧。"

武帝说完，下床穿好鞋，失望地上车走了。

过了些日子，武帝又派人来请严光入宫共叙友情。这一次严光觉得实在过意不去，盛情难却，便跟着使者来了。他和光武帝一起相伴数日，同吃同住，形影不离。光武帝任命严光为"谏议大夫"，可是严光仍然不肯屈就。不久严光就去了富春山，自耕自种，自给自足，成了桃源之士。后来人们把严光钓鱼的地方起名叫"严陵漱"。

到了建武十七年（141年），光武帝又一次破例要封严光为官。严光仍旧不改初衷，故守田园。

◎故事感悟

　　我们不得不佩服严光的处世精神以及他的大智大慧。这是一种超脱的境界，是对"理"的更精准的诠释。知识分子都有清高的品格，但像严光这样并不多见。贪婪之欲，每个人都有，用正确的"理"将这种贪婪化为自己人生价值的正确取向，这才是真正的智慧啊！

◎史海撷英

刘秀偃武修文，大兴儒学

　　《后汉书·光武帝纪》载："帝在兵间久，厌武事，且知天下疲耗，思乐息肩。自陇、蜀平后，非徼急，未尝复言军旅。"就是说，光武帝自从陇蜀平定之后，如果不是遇到紧急情况，是不轻易言兵的。

　　建武五年（29年），各地还都处于激战状态，但洛阳的太学却已经建立起来。东汉一代的太学，其规模要远远大于西汉。如班固《东都赋》中说："四海之内，学校如林。"到了顺烈梁皇后执政时期，太学生的数量超过了三万人，大大超越以往。近代梁启超曾赞扬东汉一代"尚气节，兴教化，为儒学最盛时期"。在这里，光武帝刘秀崇儒重学、推崇礼教的做法起到了极大作用。

　　到刘秀统治的末期，人口已经由东汉初年的"十有二存"（即人口数量只有大乱前的十分之二）增长到两千多万了，人口增长了一倍还多。饱经战乱的中原王朝，终于得到了极大的恢复和发展。

◎文苑拾萃

光武帝

佚名

乘龙光武帝，举义扫凶狂。

四七兴宛县，八千战昆阳。

修身立节俭，治国济柔刚。

一代中兴主，英名传八荒。

光武帝刘秀

佚 名

层林俯伏夕阳斜，四顾长安尽帝家。

玉漏有声沉画角，金波无计到天涯。

虚传望气苏伯阿，何若娶妻阴丽华。

明夜胡尘斗杓上，怕看大地走雷车。

负琴生大智若愚

◎冬去冰须泮，春来草自生。请君观此理，道道甚分明。——冯道

李白（701—762年），字太白，号青莲居士。中国唐朝诗人，有"诗仙"、"诗侠"之称。有《李太白集》传世，诗作中多以酒醉时所写。代表作有《望庐山瀑布》、《行路难》、《蜀道难》、《将进酒》、《梁甫吟》、《早发白帝城》等多首。

负琴生，据说曾在唐都城长安云游了几年。负琴生并非是他的真名，只因他身上经常背着一把琴而得名。至于他真正的名字叫什么，就不得而知了。

每天，负琴生都到酒馆讨酒来饮，他沉默寡言，举止毫不检束。有时在水边，有时在月下，人们常见他持琴抚弄弹奏，弹出的琴声总是凄切悲凉，催人泪下。人们都大为不解，以为他是个狂人。

大诗人李白原就放浪不羁，以洒脱著称，当他听说有这样一号人物，便要见识一下。

李白来到酒馆找到负琴生，携着他的手一同走到荒郊野外。他们落座在水边，以野菜为下酒之食，两人对饮起来。

李白又请负琴生抚琴一听，负琴生当下弹奏一曲，李白闻琴音情不自禁地怆然泪下。

负琴生见李白如此这般，便说道："人间丝竹乐器之音，都能愉悦人心，唯有琴音，能使人心感伤。我原以为你李白是个开朗无比之人，哪知你也同样会伤心呀！这足以说明，你还是个俗人。先生的放旷豁达，仅仅是形体的无拘无束而已，尚不是心灵的放旷脱俗啊！"

　　李白从来对自己的洒脱很是自负，他可以在皇帝面前狂饮高歌，还要让高力士为他脱靴，宠妃杨贵妃为他满酒，这举止还没有第二人做得出。岂料想，今天却有人责他不是真潇洒。

　　李白一拜到地，问道："先生为何如此落魄？你是形体的落魄？还是心灵的落魄？"

　　负琴生言道："我的心灵不落魄，形体也不落魄。只因为世人认为这是落魄，故此在世人眼里，我就是个落魄的人了。"

　　李白进而问道："先生既然知道世人厌恶这样的落魄，为什么不将它改掉呢？"

　　负琴生答道："倘若是我本人厌恶，我当即刻改掉；既然是世人厌恶，我为什么要改掉呢？"

　　李白无话可说，又指着那把琴说："先生背着这把琴，是想自己抚弄，自得其乐呢？还是想要使别人愉快？"

　　负琴生说："我这琴，是一把古琴。背着它，只因为我喜好古音，岂是要让别人快乐？我琴中所奏出的声音，高雅而纯洁，质朴而真情，知音的人，闻琴声即感愉悦心畅，不知音的人闻琴声徒感悲伤罢了。"

　　"就像先生的文章那样，轻浮而无实感，一如蝴蝶飞舞，花絮飘零，妖艳得有如处子佳人一般。在王孙公子眼中，这是华美的词章，不过得道的达士却不把它当作真文章。"李白并不服输，追问道："我的文章即使轻浮浅薄，尚不足观，然而我的风骨气概，岂不是仙人的才质？"

　　哪知负琴生却说："先生这样的风骨气概，还不是一个真仙人，只不过是一贵人罢了。况且，你的形体污秽，气度卑微，即使尊贵，也不长久。我希望你能爱惜自己的生命，不要被虚名所累。"

　　负琴生言罢，便不作声，李白也不再问。他们同醉而归。

　　第二天，李白又想要找负琴生去酒馆饮酒，但却没有寻见。

　　过了几日，在长安城南，李白看见负琴生坐在一棵大树下，不觉心中一喜。正要上前讨教，忽然间，却不见了负琴生的踪迹。

　　以后，负琴生便在长安消失了。

◎故事感悟

李白的境界还是世俗范围内的高明，只是外在形体上洒脱，心灵上尚以文章自豪，更有甚者竟以自己的放达为荣，这还是心中有欲。负琴生则是与天地同流的人，他已将世欲的好恶、是非等一切价值评价一扫而空。所以，他绝不以人们对他的看法为意，而是洒脱地生活，真是看破了世间理与欲关系的人啊！

◎史海撷英

李白应邀入幕

天宝十四年（755年），"安史之乱"爆发，李白避居在庐山。那时，李白始终有退隐与济世两种矛盾的思想。恰在这时，永王李璘出师东巡，李白应邀入幕。入幕后，李白便力劝永王勤王灭贼。而对于政治上的缺乏远见，他也做过了深刻的自我检讨。同在江南的萧颖士、孔巢文、刘晏等人，也曾被永王所邀而拒不参加，以此免祸。在这点上，李白显然不如他们。

永王不久即被打败，李白也因此而被系浔阳狱。这时，崔涣宣慰江南，收罗人才，李白便上诗求救，夫人宗氏也为他啼泣求援。于是，将吴兵三千军驻扎在浔阳的宋若思将李白从监牢中解救出来，并让他参加了幕府。

李白成为宋若思的幕僚后，为宋写过一些文表，并跟随他到了武昌。在宋若思幕下，李白很受重视，并以宋的名义再次向朝廷推荐，希望再度得到朝廷的任用。但不知是何缘故，至德二年（757年）冬，李白被流放到夜郎。

◎文苑拾萃

梦游天姥吟留别

（唐）李白

海客谈瀛洲，烟涛微茫信难求。

越人语天姥，云霓明灭或可睹。

天姥连天向天横，势拔五岳掩赤城。

天台四万八千丈，对此欲倒东南倾。

我欲因之梦吴越，一夜飞度镜湖月。

湖月照我影，送我至剡溪。

谢公宿处今尚在，渌水荡漾清猿啼。

脚著谢公屐，身登青云梯。

半壁见海日，空中闻天鸡。

千岩万转路不定，迷花倚石忽已暝。

熊咆龙吟殷岩泉，栗深林兮惊层巅。

云青青兮欲雨，水澹澹兮生烟。

列缺霹雳，丘峦崩摧。

洞天石扉，訇然中开。

青冥浩荡不见底，日月照耀金银台。

霓为衣兮风为马，云之君兮纷纷而来下。

虎鼓瑟兮鸾回车，仙之人兮列如麻。

忽魂悸以魄动，恍惊起而长嗟。

唯觉时之枕席，失向来之烟霞。

世间行乐亦如此，古来万事东流水。

别君去兮何时还？且放白鹿青崖间。须行即骑访名山。

安能摧眉折腰事权贵，使我不得开心颜！

贺知章以宝珠易饼

◎淡泊名利，克己制欲。——格言

贺知章（659—744年），字季真，号四明狂客，汉族，唐越州会稽永兴（今浙江杭州市萧山区）人。贺知章诗文以绝句见长，除祭神乐章、应制诗外，其写景、抒怀之作风格独特，清新潇洒，著名的《咏柳》、《回乡偶书》两首诗脍炙人口，千古传诵。今尚存录入《全唐诗》共19首。

贺知章与李白是好友，也好饮酒。这两个朋友一个能写诗，一个善书法。贺知章的墨迹传到今天的都成了稀世珍宝。当然，贺知章也是著名的诗人。

贺知章的住宅位于长安的宣平坊一带。他家的对门有一个小板门，贺知章常见到一个老人乘着一头驴出入其间。有五六年之久，见到老人的颜色衣服依然如故，也没有见到有别的家属。贺知章询问邻里，邻居们讲他是在集市上卖钱贯的王老，除卖钱贯外，他不再做别的事情。古时的钱要用绳子串起来，这串钱用的绳子，就叫做贯。

王老的生活平淡无奇，贺知章却看出王老不是一个平凡的人。在闲暇的日子里，贺知章就常常到对门的王老家，渐渐地两人便相互往来。随着不断地交往，王老超然清高的人品越加吸引贺知章，贺知章对王老也越加敬重。

两人的言谈渐渐越来越密切。王老告诉贺知章，自己精通黄白之术。黄白之术是道家炼丹养生的方法。贺知章恍然大悟，难怪王老这样的年纪却不见衰朽之态，而且五六年来一无变化。

贺知章本来对王老就非常信任、尊重，当他得知王老精通道法，是个有道之士时，便表示愿意向王老学道，接受教导。

过后的一天，贺知章同夫人一起拿着一个明珠来到王老家。他们讲这个珠子是他们在家乡时得到的，多年来珍爱地保藏着，今天特意奉献给老人，请老人为他们讲说道法。

王老接过珠子就把它交给一旁侍候的童子，叫童子用这珠子买些饼来。童子用宝珠换回三十多张饼，王老便邀请贺知章夫妇吃饼。王老一副若无其事的样子，谈笑间一如往常，平平淡淡，从从容容。

贺知章的心情却大不同了。他把这一切都看在眼里，见王老拿这宝珠如同破铜烂铁一般，心中连连叹息。自己多年来珍藏的宝珠，恭恭敬敬奉献给人家，真没想到却被人家拿去换了饼吃。贺知章暗暗怪罪王老，神态间极为不快。

此时他又见王老请他一同吃饼，便连连摇头，推说自己不饿。王老也把贺知章的这一番神情看在眼里，心中明白他是责怪自己轻用了宝珠。

王老开口讲道："道，只可由内心的修养得到，岂能靠外在的力量争取它？你对这珠子的珍贵吝惜不已，道术怎能有成呢？你在官场上厮混得久了，任何宝贵之物都牵挂着你的心。你之所以不得道，即是这些外在之物对你的拖累呀。得道之后你会明白的，尘世间的荣华富贵，有如过眼烟云。"

说到此处，王老指着那堆饼又说道："你看，刚才它们还是一个价值万贯的珠子，这珠子耗费了你多少的心血？怕它丢，怕它坏，有了它高兴，没了它痛苦。我问你，是你自己活着，还是你为它活着？恐怕是这个东西在使唤你吧！"

王老停了一下，笑了笑，又道："现在好了，这是一些饼，请吃罢。"

这番话把贺知章听得汗流浃背。这些年在官场上，他所耳闻目睹的都是斤斤计较，尔虞我诈。在这种风气中，人人都提心吊胆，寝食不安，得意失意难以预料。诚如老人所言，官位、名誉、财富确实累人太甚。

贺知章此刻颇有所悟，拜谢而去。不几日，王老不知所向。又过两年，贺知章辞官还乡，当了道士。

◎故事感悟

贵与贱，美与丑，高与下，都是人为的，它们都不具有绝对的价值，只具有相对意义。倘若看到它们的存在是相对性的，那就不会有执著之心，可以把一切都放下。贵也无所谓贵，贱也无所谓贱，心中自可无欲了。

◎史海撷英

贺知章为师

贺知章出任唐玄宗三子李亨的老师。此时，李亨已被立为皇太子，所以贺知章的职务也就是"太子宾客"。这年，贺知章正好80岁。太子是皇帝的法定继承人，需要有德高望重、才深学广及幽默风雅的大师来上课和规谏，作为秘书监的贺知章，同时还要常给太子讲经论道，可谓责任重大。

太子李亨本封忠王，德才兼优。贺知章呕心沥血，日以继夜地为李亨编写教材、讲解经文、批改作业、回答问题，使李亨的学业大有长进，学识也日益渊博，具备了做皇帝的才能和品德。对此，唐玄宗和杨皇后都深感满意。唐玄宗在送别知章回乡时的手诏中答谢道："卿儒才旧业，德着老成……儿子等常所执经，故令亲别，尊师之义，何以谢焉。"

◎文苑拾萃

望人家桃李花

（宋）贺知章

山源夜雨渡仙家，朝发东园桃李花。

桃花红兮李花白，照灼城隅复南陌。

南陌青楼十二重，春风桃李为谁容。

弃置千金轻不顾，踟蹰五马谢相逢。

徒言南国容华晚，遂叹西家飘落远。

的皪长奉明光殿，氛氲半入披香苑。

苑中珍木元自奇，黄金作叶白银枝。

千年万年不凋落，还将桃李更相宜。

桃李从来露井傍，成蹊结影矜艳阳。

莫道春花不可树，会持仙实荐君王。

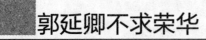

郭延卿不求荣华

◎幽境自能外见，高怀独出世间痴。——惠洪

张方平（1007—1091年），字安道，号"乐全居士"，谥"文定"，睢阳（今河南商丘）人。景祐元年（1034年），任昆山县（今属江苏）知县。又中贤良方正科，迁睦州（今浙江建德东）通判。历任知谏院、知制诰、知开封府、翰林学士、御史中丞，滁州（今属安徽）、江宁府（今江苏南京）、杭州（今属浙江）、益州（今四川成都）等地长官。神宗朝，官拜参知政事（宰相），反对任用王安石，反对王安石新法。

北宋有一位叫郭延卿的老翁，素来不慕权贵，不求荣华。年轻时与张方平、吕蒙正是交往甚密的好朋友，后来张、吕两位都做了宰相。他们几次向朝廷推荐郭延卿，可是他却一再推辞。

一次，西京留守钱惟演带着一班文武前往郭延卿家做客。郭延卿没有做好来客的思想准备，身着朴素无华的道士装束接待来客。钱惟演等交口称赞郭延卿为人可钦可敬，是当今为数不多的淡泊之士。

郭延卿笑着说："我在这简陋的住所很少与外界交往，偶尔接待来客也不是像诸位这样的俊雅之士。我愿请各位在我这里赏花饮酒。"

于是取出装酒的陶樽，拿出简单的果肴菜蔬，一起对饮起来。一会儿小吏来报告时辰，紧接着衙门的小吏、亲随的警卫士兵陆续来到，很规矩地排列在庭前。

郭延卿一看这场面，知道这些来客并非常人，便问道："诸位先生是什么官员？怎么有这么多的随从？"

掌书记尹洙用手指着钱惟演说："这位就是住西京留守的钱惟演相公。"

老人大笑着说："想不到贵为相公，还肯光顾我这草野之民的家宅。"

在知道来客的身份后，郭延卿招待的礼节跟原来没什么变化，也没再添加什么果菜食品，依旧谈笑风生，神态自若。

直到太阳落山，客人们才告辞返城。

老人送客到门口说："谢谢各位盛情光临。我因年老体弱，不能按礼节回访，请各位不要见怪呀。"

钱惟演亲身感受到这位淡泊清贫的饱学之士，不慕权贵，又不求荣华，因为无求于人，所以很少有人打扰他。而自己虽位极人臣，却整日奔波于名利之场，心劳日拙，想到这里，感到有些怅然若失。

◎故事感悟

郭延卿心胸豁达、淡泊，不求荣华，能坦然面对生命中的得失，远离喧嚣和尘世。人生一世，草木一秋，本应宠辱不惊，归心自然。我们当以郭延卿的心态对待事物才能得到平和的生活。

◎史海撷英

吕蒙正不计人过

吕蒙正在做官时，不喜欢记着别人的过失。在刚刚担任副宰相，有一次在进入朝堂时，一位中央官吏在朝堂的帘内指着吕蒙正说："这小子也能参与谋划政事吗？"吕蒙正假装没听见似的走过去了。

与吕蒙正一起在朝廷的同僚听后感到很生气，就下令责问那个人的官位和姓名。吕蒙正却急忙制止，不让他们查询那位同僚。

退朝以后，那些与吕蒙正同在朝班的同僚仍感到愤愤不平，后悔当时没有彻底追究。吕蒙正却说："一旦知道那个人的姓名，就终生不能忘记，因此还不如不知道那个人的姓名为好。不去追问那个人的姓名，不问他的名字，对我来说有什

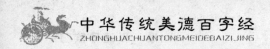

么损失吗？"当时在场的人听了，都很佩服吕蒙正的度量和气量。

◎文苑拾萃

题阙里

（宋）吕蒙正

南沂西泗绕晴霞，北岱东蒙拥翠华。

万里冠裳王者会，千年邹鲁圣人家。

高从蔽日无巢鸟，古碣埋云半吐花。

瞻望宫殿空㣉偻，敢从沧海问津涯。

元好问之妹不攀高结贵

◎有人之形，无人之情。有人之形，故群于人；无人之情，
故是非不得于身。——庄子

元好问（1190—1257年），字裕之，号遗山，太原府秀容（今山西忻州）人。7岁能诗，20岁成学，名闻京师。金宣宗兴定五年（1221年）进士，先后任内乡（今河南内乡）、南阳（今河南南阳）等地县令，后转行尚书省左司员外郎。金亡之后，弃官归隐，致力于金代文献的搜集编辑和整理。著有《遗山先生集》，还著有《中州集》、《中州乐府》等。

元好问是北方金代的大文学家。他的妹妹既有才学又相貌出众。

当时张平章（宰相）当政，想要娶她为妻。便派人去和元好问商谈，元好问回答说："成与不成都由妹妹自己做主，妹妹以为好就可以。"

张平章高兴地亲自前往拜访，想看看她的意向如何。

到了那里，看到元好问的妹妹正补天花板，见来了客人，便停下来迎接。

张平章询问她近日来有什么新的作品，她应声回答说："补天手段暂施张，不许纤尘落画堂。寄语新来双燕子（隐指张平章），移巢别处觅雕梁（暗拒求婚）。"

张平章听后，怅然离去。

◎故事感悟

淡泊是人生的一种豁达，豁达地对待人生中的进退；淡泊是对生命的一种珍

惜，珍惜眼前，不好高骛远。要做到真正的淡泊，没有极大的勇气、决心和毅力是做不到的。平常岁月，我们也要向元好问和他的妹妹一样，拥有一份淡泊的心境，在工作和学习之余也多一份清醒。

◎史海撷英

元好问保护人才

元好问在为官期间，十分重视和努力保护人才，喜欢奖掖后进。

金哀宗天兴二年（1233年）四月，蒙古兵刚刚攻破汴京，元好问就向当时任蒙古国中书令的耶律楚材推荐了54位中原秀士，包括王若虚、王鹗、杨奂、张德辉、高鸣、李治、刘祁、杜仁杰、张仲经、商挺等人，并请耶律楚材对这些人进行保护和任用。而经他教育或指授出来的文坛名手，如郝经、王恽、许楫、王思廉、孟琪、徐琰、郝继先、阎复等多人，尤其是他保护和教育白朴的故事，更是一直被传为文坛佳话。

白朴后来之所以能成为元曲四大家之一，为白朴的《天籁集》作序的王博文认为，这与元好问的教导是分不开的："遗山之后，乐府名家者何人？残膏剩馥，化为神奇，亦于太素（白朴字）集中见之矣。然则继遗山者，不属太素而奚属哉！"

◎文苑拾萃

摸鱼儿

（元）元好问

问世间，情是何物，直教生死相许。

天南地北双飞客，老翅几回寒暑。

欢乐趣，离别苦。就中更有痴儿女。

君应有语：渺万里层云，千山暮雪，只影向谁去。

横汾路，寂寞当年萧鼓。荒烟依旧平楚。

招魂楚些何嗟及，山鬼自啼风雨。

天也妒。未信与，莺儿燕子俱黄土。

千秋万古。为留待骚人，狂歌痛饮，来访雁邱处。

吴猎轻金

◎岁月本长而忙者自促；天地本宽而卑者自隘。——格言

吴猎（1130—1213年），字德夫，潭州醴陵（今属湖南）人。长期在地方任财赋总领，曾上述建议增枣阳椎间戍卒，以备边防；分兵屯要冲，以防金军来犯。1206年，金军围攻襄阳等要地，他带领本部兵马赴援，击败金军。后以抗金军功升任京湖宣抚使。着有《畏斋文集》、《奏议》等60卷。

宋孝宗末年，宰相向皇帝请示，要试用馆职人员（宋时昭文馆、史馆、集贤院等处供职，从值馆到校勘，皆称馆职）。

宋孝宗说："可以任用两个人。"远方有两个人被试用：一位是吴猎，一位是项安世。

吴猎后来任四川宣抚使，项安世也有收复蜀地之功，都是声势赫赫的人物。吴猎平素一向重义气，轻钱财。

一次，吴猎过生日，项安世特意送他一条玉带为贺，价值几千串钱。在吴猎的生日宴会上，有一位宾客对吴猎说："听说项安世相公送你一条玉带，能不能让我看看，开开眼界？"

吴猎毫不犹豫，打开装玉带的匣子，叫众人一饱眼福。

这位宾客十分喜欢玉带，拿在手中，抚摸好久。吴猎看出了客人的心思，叫人拿酒来。两人干了一杯，便将玉带送给客人，祝他长寿。

吴猎离开四川时，渡船在峡间水道上停留。吴猎将为他管理钱物的人召唤到身边，并把随身带的匣子拿来清点。众人一查，大大小小整4000个。吴

猎便对众人说："我刚来四川时，每到一地，总有人赠送钱物。我本来不打算收下，又怕人们认为我这个人不通人情，不讲交情，就收下了，可从来没有启封过。现在我要回乡，拿什么给我的亲朋故旧当见面礼呢？他们从各地给我写信，有的说要办喜事或丧事，我从来也未答应给他们什么。现在我突然有一个好主意了。"

于是吴猎把掌管文书的官员叫来，让他写一些纸条，贴在匣子上，分给身边的人。只管某人分得几匣，而不管匣中有什么东西，那情形跟赌博摸彩头差不多。

吴猎的弟弟前来迎接哥哥，问哥哥离开四川，带些什么回家过节，吴猎便把剩下的贴纸条的匣子送给了他。

◎故事感悟

有豁达的胸怀，才会视钱财如粪土；有淡泊名利之心，才会不问世间的富贵与名誉。吴猎的这种优良的品德值得我们学习。社会的那些贪财敛财之人，更当以之为鉴。

◎史海撷英

吴猎重视教育

吴猎在治理蜀地时，十分重视教育，"与士子讲正学"（《宋元学案·岳麓诸儒学案》)，并把周敦颐、二程祀于成都府学，配以朱熹、张栻；又揭朱熹白鹿洞书院学规教诲之，请魏了翁记其事，从而使朱熹之学在嘉定初年得以流传于蜀。

吴猎死后，魏了翁为其作《行状》。

◎文苑拾萃

八声甘州（送吴猎）

（宋）刘过

问紫岩去后汉公卿，不知几貂蝉。

谁能借留侯箸，着祖生鞭。

依旧尘沙万里，河洛染腥膻。

谁识道山客，衣钵曾传。

共记玉堂对策，欲先明大义，次第筹边。

况重湖八桂，袖手已多年。

望中原驱驰去也，拥十州、牙纛正翩翩。

春风早，看东南王气，飞绕星躔。

以理胜官薛瑄辞职

◎淡泊于名利，是做人的崇高境界。没有包容宇宙的胸襟，
没有洞穿世俗的眼力，是万难做到的。——格言

薛瑄（1389—1464年），字德温，号敬轩，山西河津（今万荣县）人。明代思想家，著名的理学大师，河东学派的创始人。由于他曾在朱熹的白鹿洞讲学，深受欢迎，所以人们尊称他为"薛夫子"。进士出身，曾任大理寺正卿、礼部侍郎、翰林院学士等职，晚年辞官居家讲学、著述。认为理在气中，不能离气而独立存在，称"遍满天下皆气之充塞而理寓其中"，"理只在气中，决不可分先后"，"理气无缝隙，故曰器亦道也，道亦器也"。但亦接受"理具于心"和"性即理"的观点，承认物我内外同是一理，同是一性。著有《读书录》《薛文清集》。

薛瑄，明永乐十九年（1421年）中进士，宣德年间授为御史，英宗正统初年（1435年）被举为山东提学佥事，英宗天顺年间进入内阁参与机务。后来面对石亨、曹吉祥等人乱政，他心中愤懑不平，借口有病要求告老还乡。

石亨前来探望，并对薛瑄说："先生如果实在不愿留下，我可以为你启奏皇上，给你一份皇帝的'敕书'。有了它就可以在家设立学塾，教导子弟，还可以用它来维持生活。"

薛瑄说："过去许衡离开朝廷时，元世祖亲自赐予敕书让他去教书，而许衡却把它挂在屋里房梁上，始终没有给别人看过，等他死后人们才发现。我要是靠它来维持自己生活，那不辞官岂不更好？"

几个月后，一次朝廷中议论要派遣使节到西域去寻求狮子，他很反对，上奏不被采纳；又见石亨这样的人在朝中窃权乱政，自己不能有所作为，于是

再次以疾病为理由恳请辞去职务。

明英宗虽然重视他的学问，但看他年事已高，就批准他告老还乡。

获准后，薛瑄立即出城。当到达直沽准备登船时，遇上风雨，舟不能行。他们被困在那里，粮食也没有了，到了中午全家人还吃不上饭，而薛瑄还在那读书不停。

他的儿子薛淳说："人家都在那好好做官，没人要求退职，而你偏要退，现在困在这里怨谁呢？"

薛瑄听了儿子的埋怨不以为然，很冷静地说："我的身子虽然被困，但我的心情却得以通达顺畅了。"

◎故事感悟

古人云："静以修身，俭以养德。"在我们看来，这是淡泊的涵养。薛瑄这样说："欲淡，则心轻，心轻则见理。"淡泊，有如大气凝成的思考，这时的人开始挣脱金钱的羁绊和权力的绳索，心态回归自然，从高雅的思考中获取快乐。这比许多急功近利者或是苦于应酬的人更加理性而平和。

◎史海撷英

薛瑄为官刚正不阿

在薛瑄为官期间，宦官王振掌管着司礼监，他勾结官僚，擅作威福，弄权朝廷。薛瑄因刚正不阿而得罪了奸官王振，被诬陷下狱。后来，薛瑄又被削职放归田里，"家居七年，闭门不出"，专事设馆授徒。后来由于刑科奏请皇帝复核，明代宗景帝即位（1449年），又起用薛瑄任大理寺丞。

景泰二年（1451年），薛瑄出任南京大理寺卿。薛瑄到任后，抑制豪强，扶持正义，深得人民的拥护。

◎ 文苑拾萃

拟古（二首）

（明）薛瑄

其一

白云在高丘，绿萝在深谷。

中有冥栖士，云萝蔽茅屋。

独抱尚友情，缅遂硕人轴。

古琴时复弹，古书还更读。

逍遥无外事，俯仰长自足。

沮溺耕在野，姜叟钓渭曲。

伊人岂无心，耻衒荆山玉。

将须凤来仪，朝阳满梧竹。

其二

庭树微飘落，凉气始披拂。

却忆少年时，泛舟湖湘曲。

秋风起波澜，寒霜下林麓。

日出江上枫，雾隐楚岸竹。

兰芷亦萧条，芰荷不秋馥。

灵均旧游处，骚思方满目。

忽忽三十年，凉意复相触。

《九歌》有遗辞，得意在云谷。

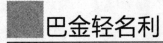

巴金轻名利

◎心远地自偏。——陶渊明

巴金（1904—2005年），原名李尧棠，现代文学家、翻译家、出版家。"五四"新文化运动以来最有影响的作家之一。1927年完成第一部中篇小说《灭亡》，1929年在《小说月报》发表后引起强烈反响。主要作品有《死去的太阳》、《新生》、《砂丁》、《萌芽》和著名的《激流三部曲》。1931年在《时报》上连载著名的长篇小说《爱情三部曲》。其中《家》是作者的代表作，也是我国现代文学史上最卓越的作品之一，同时也被誉为是五四新文化运动以来最有影响的作家之一。20世纪中国杰出的文学大师、中国当代文坛的巨匠。巴金晚年提议建立中国现代文学馆和文化大革命博物馆。

在1919年爆发的五四运动的影响下，巴金开始大量阅读《新青年》等进步书刊，逐步接受反帝反封建、科学民主等进步思想，从而走上了革命的道路。

巴金先后创作了《灭亡》、《新生》、《家》、《春》、《秋》等长篇、中篇小说以及为数众多的短篇小说、散文、报告、特写、游记、童话等等。

巴金不求名，不求利。高风亮节，令人钦佩。

巴金是新中国成立以来唯一不要工资的人，完全依靠稿费维持生活。

巴金的著述甚丰，稿费也比较多，但他一不挥霍，二不购物置产，常常一掷千金，无私捐献。巴金凡得到稿酬、版税或文学奖金，都全部捐献给现代文学馆、上海文学发展基金会或者希望工程。

80年代初，四川人民出版社出版了一些巴金过去的著作，巴金心里很不安，便关照出版社不要给他寄稿酬。出版社如何处理这笔钱？在党委会上，大多数人主张以巴金的名义设一个编辑奖。但是，巴金一向不同意以自己名义设奖金。于是，在向巴金转述党委意见时，就说建议把稿费用来帮助那些生活困难的编辑或作者。巴金很快回信，高兴地说："稿费就用来帮助作者吧，设立奖金我不赞成，我反对用我的名字。"

1993年，巴金90岁诞辰时，四川省作家协会打算以巴金的名字设立基金会和文学奖，巴金又是坚决不同意。巴金专门致函四川省作家协会，再次表述自己的意见："我一向不赞成以我的名字建立基金会、设立文学奖。"

巴老被安排到杭州疗养时，硬是自掏腰包交了整整6万元的食宿费。警卫惊呆了，那么多名人来住过，没见谁交过这么多钱。

几十年来，巴老以"一个老人"的身份，捐过无数次的慈善款。1997年，巴金为华东水灾一下就捐了12万，如今家人仍按他的意愿每年捐款不低于五位数。1998年，巴金获得第四届上海文学艺术奖的一笔巨款，即以"一个老人"的名义捐献给了灾区。

巴金几乎每年都要给希望工程办公室捐款，捐款额累计达到了五十多万元。

2005年1月5日上午，上海市文联发动上海文艺界近300位著名艺术家和文艺工作者向海啸灾区捐款。

得知这个消息，刚刚度过101岁生日的巴金托人两次共送去6万元，代表这位老作家前去捐款的人留下的签名却是上海作家李尧棠，这正是巴金老人的真名。

之后巴金，又把自己的稿费、积蓄源源不断地捐给了中国现代文学馆、慈善机构、灾区和希望工程，每次捐款时他总要对经办人员交代：不留巴金名、不宣传、不报道。

1985年，四川省作家协会给省委省政府写了报告，要求恢复巴金故居。巴金知道后不同意，说："不要恢复故居，如果将来要搞点纪念，可以在旧址钉一个牌子，上面写作家巴金诞生在这里，并在这里度过了他的童年和少年就行了。"

1986年10月，巴金连续用三封信申明他的意见。巴金在信中写道："我想谈谈故居的事，一直没有工夫写出来。我的意思就是：不要重建我的故居，不要花国家的钱搞我的纪念。""关于故居的事就这样说定了。不修旧宅，不花国家的钱搞这样的纪念，印几本《选集》就够了。"

2002年，出席巴金国际学术研讨会的一些代表，又提议修建巴金故居，四川省委也很重视，但仍然被巴金拒绝了。

◎故事感悟

一些人以为，名人定会看重自己的名利，否则，何以会有如此大的名气。其实不然，大凡有名气之人，他们往往业绩多、成就大，而淡泊名利，甚至不善张扬，拒绝扬名。文学巨匠巴金淡泊名利、乐善好施的高尚品格深受世人敬仰。

◎史海撷英

巴金的爱国主义思想

巴金12岁时，便通读了《说岳全传》。他深深地被岳飞的爱国精神、民族精神所打动。20世纪90年代，巴金在众人的劝说下到杭州休养。从来怕麻烦别人的他，有一天却提出了要求，想去拜谒岳坟。在文征明《满江红》词碑前，年过九十，平时说话吐字不太清楚的巴金，像小学生那样吟诵起这首词来，声音越来越清楚、高亢："拂拭残碑，敕飞字、依稀堪读……笑区区、一桧亦何能，逢其欲。"

1979年，巴金率中国作家代表团访问法国巴黎。这是他离别巴黎半个世纪后，第一次再踏上这片土地。故地重游，对任何人来说都会有很多感慨。但是，每天清晨，巴金都静静地坐在窗前，眼前看到的不是巴黎的街景，而是北京的长安街、上海的淮海路、杭州的西子湖、成都的双眼井，广州的乡村……他说："出了国境，无论在什么地方，我总觉得有一双慈爱的眼睛关心地注视着我。不管你跑到天涯海角，你始终摆脱不了祖国，祖国永远在你身边。"

◎文苑拾萃

《随想录》节选

巴金

现在我明白了。受苦是考验，是磨炼，是咬紧牙关挖掉自己心灵上的污点。它不是形式，不是装模作样。主要的是严肃地、认真地接受痛苦。"让一切都来吧，我能够忍受。"我没有想到自己还要经受一次考验。我摔断了左腿，又受到所谓"最保守、最保险"方法的治疗。考验并未结束，我也没有能好好地过关。在病床上，在噩梦中，我一直为私心杂念所苦恼。以后怎样活下去？我不能回答这个问题。

漫长的不眠之夜仿佛一片茫茫的雾海，我多么想抓住一块木板浮到岸边。忽然我看见了透过浓雾射出来的亮光：那就是我回到老公馆的马房和门房，我又看到了老周的黄瘦脸和赵大爷的大胡子。我发觉自己是在私心杂念的包围中，无法净化我的心灵。门房里的瓦油灯和马房里的烟灯救了我，使我的心没有在雾海中沉下去。我终于记起来，那些"老师"教我的正是去掉私心和忘掉自己。被生活薄待的人会那样地热爱生活，跟他们比起来，我算得什么呢？我几百万字的著作还不及轿夫老周的四个字"人要忠心"。（有一次他们煮饭做菜，我帮忙烧火，火不旺，他教我"人要忠心，火要空心"。）想到在马房里过的那些黄昏，想到在门房里过的那些夜晚，我仿佛回到了自己的童年。

钱钟书淡泊处世

◎竹直心虚乃吾友，水淡性泊是我师！——格言

> 钱钟书（1910—1998年），原名仰先，字哲良、默存，号槐聚，曾用笔名中书君。中国现代著名作家、文学研究家。曾为《毛泽东选集》英文版翻译小组成员。晚年就职于中国社会科学院，任副院长。书评家夏志清先生认为小说《围城》是"中国近代文学中最有趣、最用心经营的小说，可能是最伟大的一部"。钱钟书在文学、国故、比较文学、文化批评等领域的成就，推崇者甚至冠以"钱学"。

　　钱钟书是学界泰斗、一代宗师，堪称我国五四新文化运动以来的著名大学者，现在南方有的高校硕士研究生已专门将"钱学"作为一门学问来研究了。之所以敬佩他，倒不仅是源于他著述等身，学贯中西，而是因为他一生治学严谨、淡泊名利的处世之道。

　　钱钟书是做真学问的，而不胡编乱凑这个"学"、那个"说"。他有句治学名言："大抵学问是荒江野老屋中二三素心人商量培养之事，朝市之显学多为俗学。"这反映了他潜心钻研的严谨治学态度与卓尔不群的思想境界。读《钱钟书文集》，我们会发现这位大学问家写的更多的是单篇论文，篇幅虽不长，但细读起来，多为黄钟大吕，比某些"大部头"要厚重许多。

　　中西融会，博大精深，论点精辟，言之有据，是钱钟书治学的明显特点。据他的夫人杨绛回忆，钱钟书不仅博览群书，而且精通一些大字典、辞典、百科全书，"不仅挨着字母逐条细读，见了新版本，还不厌其烦地把新条目增补在旧书上"，读书时兼作笔记，并自题诗曰："书痴钻窝蜂未出，诗

情绕树鹊难安。"他的文章，往往为透彻地说明一个独到的论点，要比较分析古今中外大量经典论著，再经过个人的独立判断与阐述，可以说是笔力千钧、力透纸背。其代表作《谈艺录》、《管锥编》仅引中外书籍就多达四千多种。他的不少文章，仅文尾的参考文献或注释就多达三四十条。相形之下，现在的一些文化人作学术论文时，就缺少这种扎扎实实的严谨态度。

钱钟书先生有着淡泊名利的处世态度，而这更令人仰之弥高。

早在20世纪40年代，钱钟书就以一部《围城》名震文坛。可他崇尚实学而不图浮名，为了潜心做学问，晚年谢绝一些重要传媒的采访拍照，而这正是当前一些急于求名的文人所求之不得的。辞世前他多次嘱咐丧事从简，驾鹤西行时仅有夫人杨绛等极少数人送行，悄然离去，真可谓生如春花之烂漫，死如秋叶之静美。

◎故事感悟

钱钟书是个独具魅力的文化巨人。他的伟大之处在于深晓人生真谛，能做到大彻大悟、大有大无——所谓"大无"，即视红尘中的功名利禄为过眼烟云；所谓"大有"，即孜孜以求在事业上有大建树。

◎史海撷英

钱钟书的少年生活

钱钟书的伯父没有儿子，按照惯例，钱钟书一生下来就被过继给了伯父。

钱钟书在刚满周岁时"抓周"，抓到了一本书，因而取名为钟书。钱钟书四岁时，伯父便开始教他认字。6岁时被送入秦氏小学，不到半年，因为一场病，伯父便让他待在家不再上学了。后来又进过私塾，伯父又嫌不方便，干脆自己教钱钟书。

通常来说，上午伯父会出去喝茶，给钱钟书一个铜板，让他去买酥饼吃，给两铜板就让他去看小人书。钱钟书经常跟伯父去伯母娘家，那有一个大庄园。他很贪玩，耽误了一些功课。而且伯母的娘家人都抽大烟，总是半夜吃夜餐，生活毫无规律。一回来，父亲见钱钟书染上了许多坏毛病，大骂，但他却从不当着其他孩子的面骂钱钟书。

钱钟书在11岁时，考取了东林小学，而伯父不久也去世了。尽管父亲负责钱钟书的学杂费，但其他的开支却无法弥补。没有作业本，他就用伯父曾钉起的旧本子；笔尖断了，他就把竹筷削尖替用。

14岁时，钱钟书考上了桃坞中学。当时，他的父亲在清华大学任教，对他的作文始终不满意，钱钟书从此更加用功读书，阅读了大量的书籍，渐渐可以代父亲写信、写诗。父亲的脸上终于露出了满意的笑容。

◎文苑拾萃

阅 世

（现代）钱钟书

阅世迁流两鬓摧，块然孤唱发群哀。

星星未熄焚余火，寸寸难燃溺后灰。

对症亦知须药换，出新何术得陈推。

不图剩长支离叟，留命桑田又一回。

ZHONGHUACHUANTONGMEIDEBAIZIJING

中华传统美德百字经

理·以理导欲

第二篇

理存于心行有度

珍贵嘱托胜过钱财

◎一杯洗涤无余，万事消磨运远，浮名薄利休羡。——赵师侠

孔子（公元前551—前479年），名丘，字仲尼，春秋时期鲁国人。中国古代伟大的思想家和教育家，儒家学派创始人，世界最著名的文化名人之一。编撰了中国第一部编年体史书《春秋》。

　　孔子在26岁左右的时候，先后当过两次小官。一次是当乘田，这是具体掌管牛羊的官；另一次是当委吏，相当于现在的会计。

　　虽然孔子很有才能，也很有抱负，但当时的社会是被有权势的贵族统治着，所以他一直得不到重用。大约在30岁的时候，孔子便开始收徒讲学了。

　　孔子招收门徒之后，名望越来越高，就连当时的贵族也把孩子送到他那里读书。如鲁国大夫孟僖子的两个儿子孟懿子和南宫敬叔就拜在孔子的门下。

　　南宫敬叔做了孔子的弟子以后，曾向鲁昭公建议，派自己和孔子一块到周王朝的京城洛阳去观光。鲁昭公思考了一下，便答应了。

　　孔子接受任务之后非常高兴，因为东周王朝虽然名存实亡，但是历史悠久的京城洛阳却有着丰富的文化宝藏，特别是大思想家李聃正住在那里。

　　李聃，人称老子，是一个大思想家，当时在洛阳担任守藏室之吏，职务相当于今天的国家图书馆或历史博物馆馆长。

　　老子听说孔子来了，吩咐自己的仆人把道路打扫干净，然后套上马车，亲自到郊外去迎接。孔子一见，慌忙不迭地从车上跳下来，双手捧着一只大雁送给老子。按当时的礼节，奉送大雁是对有学问、有修养的人所表示的最

崇高的敬意。

老子比孔子年龄大得多，经历也丰富得多；由于职务关系，接触的文史典籍也多得多。此时的孔子正值壮年，虽然学问渊博，但是不见高山，不显平地，比起老子来还相差甚远。另外，在修养方面，孔子虽然热情、大度，但免不了有些粗率，做事急于求成，不如老子的胸襟宽大，眼光看得远。

孔子见了老子，真像是一个积极上进的学生遇见了一个好老师一样，什么问题都问。老子遇见孔子，正像一个循循善诱的老师遇见了一个好学的学生，有问必答。

孔子要返回鲁国了。临别的时候，老子又对他说了一段语重心长的话："我听说，有钱的人为人送行，要赠送一些钱财；而有道德、有学问的人为人送行，就要送上几句好话。我是个没钱的人，当然没有钱送给你。我也谈不上有道德、有学问，不过，话还是会说的，就权当是个有道德、有学问的人，送你几句话吧！"

"好，好！"孔子连忙回答，"老师的话比任何钱财都珍贵啊！"

"嗯，既然你愿意听，我就说几句吧。"老子略沉思了一下说，"第一，你所读过的书，研究的学问，多半是古人的东西。在这几天的接触中，我觉得你把古人的话看得太死。所以，我送你的第一句话就是，不要太拘泥于古人的话。第二，一个有道德、有学问的人，按理说是应该有一定的地位和较好的待遇的。但是，也要看他生得是不是时候，这也就是人们常说的命运。如果生得不是时候，就不要去强求，一味强求，是会给自己招来苦恼的。这是我送你的第二句话。第三，我听说有句老话，会做生意的都不把货物摆在外面。有极高道德修养的人，表面上看起来却是朴实的。我觉得你的聪明有些外露，这不仅会阻碍自己前进，同时也会给自己招来是非。这就是我要说的第三句话。"

孔子毕恭毕敬地听完了老子的这三句忠告。

最后，老子又语重心长地对孔子说："对你来说，最主要是虚其心、弱其志。也就是要去掉骄傲，去掉贪婪，去掉架子，去掉妄想。这样，会对你有好处的。否则，你可要吃亏了。"

孔子反复思索着老子的临别赠言，依依不舍地踏上了返回鲁国的路。

◎故事感悟

这是孔子与老子会面的故事。虽然故事反映了儒、道两家不同的观点，但是，虚其心，弱其志，就是让心神保持虚静无欲，削弱为名利相争之志气，这正是老子理存于心的关键。

◎史海撷英

长幼之乱

在古代历史上，鲁国曾有过几次废长立幼、杀嫡立庶的事件。其始作俑者，可追溯到周宣王时期。

公元前826年，鲁真公薨，其弟敖即位，是为鲁武公。武公有长子括和少子戏两个儿子。武公九年（公元前817年），武公带着两个儿子西去朝拜周宣王。周宣王很喜欢戏，于是就做了一件荒唐事：他要立少子戏为鲁国的太子。卿大夫樊仲山父说，这种废长立幼的做法是不合规矩的；不合规矩而您一定要做的话，日后鲁国就一定会违背您的旨意；违背了您的旨意，那就是要被讨伐的。不讨伐的话，那也对您的威信有损。要真发展到那个地步，对大家都不好。您看，是不是别下这个命令呢？

周宣王很不满，说：现在谁是天子啊？因此他不顾重臣意见，下了命令，立少子戏为鲁国的太子，日后要当鲁国的国君。鲁武公对这件事也有点郁郁不乐，回到鲁国后不久就死掉了。于是太子戏即位，是为鲁懿公。

果然，鲁懿公不久被他哥哥括的儿子伯御带着鲁人杀掉了，随后，伯御安安稳稳地做了十一年的鲁国国君，最后被周宣王发兵给伐灭了。

周宣王把伯御给诛杀后，就立懿公戏的弟弟，是为鲁孝公。那个时候起，周天子的威信便日益下降，而诸侯国弑君的事情也是时有发生。

庄子论伯乐

◎钟鼓馔玉不足贵，但愿长醉不愿醒。——李白

> 　　庄子（约公元前369—前286年），庄氏，名周，字子休（一说子沐）。楚国公族，楚庄王之后裔，河南商丘民权人。曾做过漆园吏，生活贫穷困顿，却鄙弃荣华富贵、权势名利，力图在乱世保持独立的人格，追求逍遥无待的精神自由。著名的思想家、哲学家、文学家，是道家学派的代表人物，老子哲学思想的继承者和发展者，先秦庄子学派的创始人。他的学说涵盖着当时社会生活的方方面面，但根本精神还是归依于老子的哲学。后世将他与老子并称为"老庄"，他们的哲学为"老庄哲学"。

　　春秋时期，在初冬的一天，中原大地突降大雪，宋国的山野都披上了银装。在宋国都城附近的一个小村落里，雪后的景色更是令人心旷神怡。

　　庄子这天也早早起了床，打扫完了门前的积雪，就远眺起山野的迷人风光。

　　正当庄子沉醉于风光雪色之中时，一辆马车停到了庄子家院的门口，打断了庄子的欣赏。庄子把目光拉回来，朝车上一看，来者原来是一位老友。庄子大喜，开口问道："什么风把你给吹来了？"

　　老友笑道："还不是这雪色！"

　　双方一番客套以后，老友邀上庄子一同乘马车到国都一游。

　　马车在落满积雪的路上走着，庄子和老友则在车上一边观看着初冬的第一场雪景，一边高谈阔论。

　　庄子扶着马车边，看着马不停地跑着，随之发表了一通感慨。

　　庄子说："马，蹄可以践霜雪，毛可以御风寒，吃草饮水，翘足跳跃，这

都是马的真实本性。纵使有高台大殿，对它毫无用处。及至出了伯乐，说什么'我善于管理马'，于是给马烙上印记，修剪鬃毛，修削蹄子，戴上笼头，用缰绳把马拴住，按编次顺序送进槽头。经过这一番折腾，马便死去十分之二三了。随后又使马经受饥渴折磨，驱赶马快速奔跑，对马作步调整齐的训练，使马前有嚼勒拘系之忧，后有马鞭抽打之惧，这样一来，马将死掉大半了。"

庄子看了一眼老友又接着说："陶工说：'我擅长陶制黏土，能使圆的合于规，方的合于矩。'木工说：'我会削木头，使曲的合于钩，使直的合于绳墨。'陶土和树木的本性，难道就是要合于人为的规矩绳墨吗？然而人们世世代代都在称道伯乐善于管理马，陶工、木工善于治理黏土和木料，这也是治理天下的人所犯的过失啊！"

马车进入了城区，于是走得慢了下来，庄子仍继续谈论着：

"我认为真正善于治理天下的人不应如此。老百姓有他们恒常的天性，也就是纺织而得到衣服，耕种而得到粮食，这是他们的共同本能。浑同自然万物而无偏私，这就是按天性放任自乐。所以真正的盛世，人们的行为天真笨拙，纯朴无心机。在那个时候，山中没有路径相通，水中没有舟船桥梁；万物众生，比邻而居；禽兽成群，草木滋长。在那里，人与禽兽住在一起，人群与万物浑然不分，哪里知道什么是君子和小人的区别呢？人与无知之物一样，他的本性就不会消失；人同无欲之物一样，即为他的自然素质；自然素质不变即保持了人的本性。等到出现了圣人，用尽心力去推行仁，卖力去达到义，而天下从此开始产生种种猜疑迷惑；放纵无节制地作乐，选取分析出繁琐的礼仪条文，而天下由此开始产生尊卑贵贱种种区分。这都是圣人的罪过呀！"

庄子越说越兴奋，不知不觉把话题又拉回到了马身上。

"马生活在陆地上，吃草饮水，高兴时交颈相摩，发怒则背对相踢。马所晓得的仅止如此。等到加上了车衡颈轭，装上了额前佩饰，从此马就知道了折毁车辕、弯曲脖子挣脱轭头、抗击车盖、吐出口勒、咬断笼头，使马变得狡智而差不多跟盗贼一般，这是伯乐的罪过啊！"

老友听完了庄子的这段议论后说："我还是第一次听说伯乐治马还有罪过啊！"

马车在落满积雪的城区路上继续走着。

◎故事感悟

天生人类，本无什么仁义礼乐、法令规章。一旦有了人为的仁义礼乐、政令法度，人类就丧失了本性，就如马被钉上了铁掌、套上了衔勒并变得有盗贼一般的心智一样。我们要排除一切人为的束缚，如原野中自在逍遥的野马一样，顺乎自然地生活。

◎史海撷英

庄子学说的特点

在庄子的思想中，他所持的宇宙与人的关系是"天人合一"的，是物我两忘的，所以，庄子也有着通达的生死观。庄子认为，是道给了我们形貌，是天给了我们形体，我们要做的就是不要因为好恶而损害自己的本性。他是以人的完整生命为起点，来思考人应当度过一个怎样的生命旅程的。

庄子的思想超越了任何知识体系和意识形态的限制，是站在天道的环中和人生的边上来反思人生的。因此，他的哲学也是一种生命的哲学，他的思考也具有终极的意义。而且，庄子还有很多思想是十分超前的，比如"一尺之捶，日截其半，万世不竭"，就是数学里的极限思想。

◎文苑拾萃

《庄子·内篇·逍遥游》节选

庄子

小知不及大知，小年不及大年。奚以知其然也？朝菌不知晦朔，蟪蛄不知春秋，此小年也。楚之南有冥灵者，以五百岁为春，五百岁为秋；上古有大椿者，以八千岁为春，八千岁为秋。此大年也。而彭祖乃今以久特闻，众人匹之，不亦

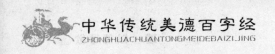

悲乎？

汤之问棘也是已。穷发之北，有冥海者，天池也。有鱼焉，其广数千里，未有知其修者，其名为鲲。有鸟焉，其名为鹏，背若泰山，翼若垂天之云；抟扶摇羊角而上者九万里，绝云气，负青天，然后图南，且适南冥也。

斥鷃笑之曰：“彼且奚适也？我腾跃而上，不过数仞而下，翱翔蓬蒿之间，此亦飞之至也，而彼且奚适也？”此小大之辩也。

故夫知效一官，行比一乡，德合一君，而证一国者，其自视也，亦若此矣。而宋荣子犹然笑之。且举世誉之而不加劝，举世非之而不加沮，定乎内外之分，辩乎荣辱之境，斯已矣。彼其于世，未数数然也。虽然，犹有未树也。夫列子御风而行，泠然善也，旬有五日而后反。彼于致福者，未数数然也。此虽免乎行，犹有所待者也。若夫乘天地之正，而御六气之辩，以游无穷者，彼且恶乎待哉？故曰：至人无己，神人无功，圣人无名。

纪渻子训鸡

◎寡言省谤，寡欲保身。——《景行录》

> 周宣王（生卒年不详），中国周朝第十一位王。在位时间（公元前827—前781年）。姬姓，名静（一作靖），周厉王之子，死后被追谥为世宗。厉王时国人暴动，大臣召穆公虎将太子静隐藏在自己家中，被国人包围。召公以己子代替太子，使太子得以脱身。共和十四年（公元前828年），厉王死于流放地彘（今山西霍县），大臣拥立静为王。宣王即位后，整顿朝政，使已衰落的周朝一时复兴。宣王的主要功业是讨伐侵扰周朝的戎、狄和淮夷。

春秋时期，周宣王喜欢斗鸡（一说齐宣王）。一天，周宣王询问近侍：你们可知道国内什么人训养斗鸡的技艺最好？近侍中的一人对周宣王说："我听说纪渻子对于训养斗鸡很有办法，经他训养出来的斗鸡英勇善战，别人的斗鸡只要一见到他所训养的斗鸡往往都不寒而栗。"

周宣王听到此，立即对近侍说："你们赶快去用重金把纪渻子给我请来，让他帮我训养斗鸡。"

几天之后，纪渻子被请了来。周宣王一见纪渻子，心中就产生了一种疑惑。只见纪渻子身体瘦弱，貌不惊人。周宣王想：此种虚弱的人，还能训出什么威猛的斗鸡来？只怕他是"盛名之下，其实难副"呀！

然而人既然领来了，就让他试试吧。于是周宣王对纪渻子说："我的属下对我说你很会训养斗鸡，训养出的斗鸡百战百胜，是这样的么？"

纪渻子回答道："是的。"

周宣王说："这样就好。你只要能给我训养出来常胜的斗鸡，我是会好好奖赏你的。"

纪渻子在周宣王宫附近住下后，就开始了训养斗鸡的工作。每日里他身不离鸡舍，勤勤恳恳，可谓日出而作，日落而息。

转眼间十天过去了，周宣王把纪渻子叫了去，问他道："你训养的鸡可以和别人的鸡斗了么？"

纪渻子回答说："不行，这只鸡现在还表现为内心空虚而神态高傲、挟气凌人的样子。"周宣王沉默着，没有说什么。

一晃又过了十天，周宣王又把纪渻子叫了去，问他道："你训养的鸡现在可以和别人的鸡斗了吧？"

纪渻子又回答说："还不行，它听到鸡的声音，看到鸡的影子就有反应。"周宣王仍沉默着，没有说什么，可脸上露出了一丝不解的表情。纪渻子见此，就对周宣王说："再过十天看看吧。"

十天又过去了，周宣王再次把纪渻子叫了去，问他道："你训养斗鸡快有一个月的时间了，现在鸡总可以斗了吧？"

纪渻子仍回答说："还不行。它还视物敏锐而充满怒气。"

周宣王既不解又不耐烦地问道："难道这样的鸡不可以斗么？"言语中充满了对纪渻子的不信任。

面对这种场面，纪渻子仍斩钉截铁地说："不可以！"

周宣王强忍恼怒，满脸不悦。

又过了十天，周宣王把纪渻子叫了去，神情不仅严肃，而且冷默地问道："你训养的鸡这会儿该可以斗了吧？"纪渻子注视着周宣王，没有立即言语。周宣王接着说："时至今日，你已训养斗鸡一个多月了，每次问你，你都托词没有训好，今日你必须给我一个明确的答复，你到底能不能训养出威猛的斗鸡。否则，可别怪我不客气了！"

纪渻子嘴上挂着一丝蔑视的微笑，回答道："差不多了。我现在训养出的鸡是：别的鸡鸣叫，它却毫无反应，看上去像个木鸡了。可以说它现在已精神安定专一、不动不惊了。其他的鸡没有敢与它应战的，见到它就会吓得掉头逃走。"

周宣王听到此说，仍怀疑地问道："此话当真？"

纪渻子说："不信，您可当面试试。"

周宣王忙命人带来几只有名的斗鸡与纪渻子训养出的鸡相斗。果然，没有一只斗鸡敢与纪渻子训养出的鸡相斗的。

周宣王大喜，吩咐近侍给纪渻子重奖。

◎故事感悟

真正懂得"理"之奥妙的人，就应"大智若愚"，就应"呆若木鸡"。也就是说，应对外在事物现象的感官若有若无，十分迟钝，对外物简直没有什么反应。唯有内在的精神或德是全善的、专聚的，这才算达到了"理"的境界。

◎史海撷英

齐宣王之死

周宣王统治时期，有一次，为了一件小事，大夫杜伯触怒了宣王，被判处死刑。他的老朋友左儒忙上前劝阻，宣王愤怒地斥责说："在你眼中，只有朋友，没有国君，是何道理？"

左儒从容地回答说："国君有理，臣就顺从国君；朋友有理，臣就支持朋友。现在杜伯并没有罪，不该问斩，所以，臣劝谏大王，不要杀杜伯，否则就会枉杀好人。"

"我偏要杀他，你能怎样？"宣王恼怒地说。

左儒接着说："臣愿陪杜伯同死。"

"我偏偏不让你死，看你能怎么办？"宣王说罢，下令左右斩了杜伯。

左儒又羞又气，回到府宅后便自刎而死了。这件事在大臣间也引起了一片惊恐。事后，周宣王冷静下来，感到自己做得确实过分了，便暗暗悔恨，又不好意思明说，以致寝食难安，得了一种怔忡症。

一次，齐宣王带着臣下外出游猎，借以散心。游猎中，他忽然在车上大叫一声，昏迷了过去，结果医治无效，几天后便死去了。

◎文苑拾萃

诗经·大雅·荡之什·常武

赫赫明明，王命卿士。南仲大祖，大师皇父。

整我六师，以修我戎。既敬既戒，惠此南国。

王谓尹氏，命程伯休父：左右陈行，戒我师旅。

率彼淮浦，省此徐土。不留不处，三事就绪。

赫赫业业，有严天子。王舒保作，匪绍匪游。

徐方绎骚，震惊徐方。如雷如霆，徐方震惊。

王奋厥武，如震如怒。进厥虎臣，阚如虓虎。

铺敦淮濆，仍执丑虏。截彼淮浦，王师之所。

王旅啴啴，如飞如翰。如江如汉，如山之苞，

如川之流，绵绵翼翼。不测不克，濯征徐国。

王犹允塞，徐方既来。徐方既同，天子之功。

四方既平，徐方来庭。徐方不回，王曰还归。

扁子论修身

◎须交有道之人，莫结无义之友。饮清静之茶，莫贪花色之酒。开方便之门，闭是非之口。——格言

扁子（生卒年不详），春秋时期鲁国人，被世人称为圣贤之人。

春秋时，有一位名叫孙休的鲁国人，自感为人与做事常常好心得不到好报，因此非常苦恼。这天，他亲自来到一位叫扁子的被世人称为贤人的家中请教这是什么原因。扁子当时正在家中给他的弟子上课。

扁子见有人来访，不得不暂时离开弟子们来到客厅与孙休相见。

孙休首先对打搅了扁子上课深表歉意，然后就迫不及待地发问道："我孙休住在乡间没见有人说我没有修养，遇到危难时没见有人说我不勇敢。然而我种田碰不到好年景，事君碰不到好世道，为乡里人所抛弃，为州县官吏所放逐，我孙休何罪于老天？怎么遇到这样的命运呀？"说到这里，孙休对扁子深鞠一躬，然后说："请先生给我指教一二。"

扁子笑着回答说："你难道没有听说'至人'的所行吗？忘掉了他的肝胆，忘掉了他的耳目，迷惘无知徘徊游移于世俗生活之外，逍遥自在于无为之中，这就叫施助万物而不自恃其功，作万物之长而又不加主宰。现在你修饰己智以惊醒愚昧，修养自身以显示别人卑污，光明炫赫的样子就像举着日月行走一样。像你这样的人能得以保全身躯，身体器官完备，没有中途毁损成为聋子瞎子和瘸腿，与众人并列一起已属侥幸，又哪有闲工夫来抱怨老天呢？请你回去吧。"言外之意是不愿与这种沽名钓誉的人谈论此种高深的问题。

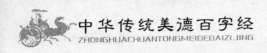

孙休离去后，扁子回到了弟子们中间。他坐在椅子上沉思了一会儿，突然仰天叹息。弟子们忙问道："先生为什么叹息呀？"

扁子说："刚才孙休来我这里，我告诉他关于'至人'的德行，我担心他受到震惊而至于更加迷惑。"

弟子们都说："不会的。如果孙先生所说是对的，先生您所说是错的，那么错的本不能使对的迷惑；如果孙先生所说是错的，先生您所说是对的，那么他来时本来就是迷惑的，又何能归罪于先生呢？"

扁子说："不是这样。我给你们举个例子吧，从前有只鸟停在鲁国都城郊外，鲁君很喜爱它，设置太牢那样的宴席来招待它，奏九韶之乐来使它高兴，这样的结果怎样了呢？"

扁子停顿了一下，用征询的目光扫了弟子们一眼，弟子们都若有所思。接下来扁子说："鸟对于这般盛情，开始忧愁而头晕目眩，不敢吃喝。这就叫以己之养来养鸟。至于用养鸟的方式来养鸟，应当让它栖息在深林中，浮游在江湖之上，让它吃泥鳅之类的东西，把它放回野地就是了。现今这位孙休，是位只有一孔之见孤陋寡闻之人，我告诉给他'至人'的德，就好像用马车去装载鼷鼠，用钟鼓去娱乐小鸟一样，他又怎么能不受惊吓呢？"

弟子们一边纷纷点头称是，一边请求扁子也给他们讲讲"至人"的德行。

于是，扁子又讲了起来："从前，传说有个巧匠叫倕，他用手指旋转画方圆简直超过用规矩，手指与所用物象凝合为一，而不必用心思来计量，所以他的心思专一而没有滞碍。忘掉脚的大小，什么鞋子都合适；忘记腰的粗细，什么带子都合适；忘记了是非，心无所不适；持守自性，不随物变迁，与外物交接无不适应。本来自性与外物是相适应的，而要达到无所不适应，就应忘记为了适应而适应。"扁子告诉他的弟子们，这是至道的金玉良言。

◎故事感悟

抑欲，从精神修养意义上讲就是要达到"忘是非"的状态，就是要达到这种意义上的精神安适。只有忘了人设的是非观念，忘了对外来毁誉评价的反应，忘了一切俗务，才能达到精神的虚寂逍遥安逸状态——"心之适"。

◎史海撷英

楚灭鲁国

公元前323年，鲁景公卒，鲁平公即位。此时，正是韩、魏、赵、燕、中山五国相王之年。鲁顷公二年（公元前278年），秦国破楚国首都郢，楚顷王东迁至陈。顷公十九年（公元前261年），楚伐鲁取徐州。顷公二十四年（公元前256年），鲁国为楚考烈王所灭，迁顷公于下邑，封鲁君于莒。后七年（公元前249年），鲁顷公死于柯（今山东东阿），鲁国绝祀。

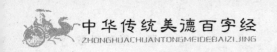

田开之的修身之理

◎宁可清贫自乐，不可浊富多忧。——格言

春秋时，有一个学者叫田开之，他就学于大学者祝肾。由于他勤奋努力，致学严谨，所以学问日渐增长，终于成了远近闻名的学者。

周威公也听国人说田开之有很大的学问，加之周威公有与贤人结交的癖好，于是，就想与田开之见上一面。这天，他差人将田开之请到了宫中。田开之来到宫中，周威公将他上下审视了一番，果然有学者风度。周威公就说："我听说祝肾学习养生之道，并且成就不小，先生您与祝肾交往，也曾听到和学到一些什么道理了吧？"

田开之说："开之我在祝先生那里只是干些扫扫院子、侍候客人的粗活，又怎么能从祝先生那里听到什么大道理呢？"

周威公见田开之如此谦虚，就更增添了几分敬佩之情。接着便向田开之请求道："田先生不必谦让，寡人愿意听一听。"

田开之见无法推脱了，只好讲了起来。他说："我听先生讲：'善于养生的人，如同牧羊一样，看那落在后面的，就用鞭子抽打它一下。'"

周威公听得入了神，迫不及待地问道："这是什么意思呢？"

田开之接着说："鲁国有个叫单豹的人，住在山洞里喝泉水，终生不食人间烟火，高卧在峰峦之巅，永远与白云为伴。他不与世人争利，年纪已七十多岁了，脸色还如婴儿一般。但是，不幸遇到了饥饿的老虎，老虎将他吃掉了。还有一个叫张毅的人，他不管富贵人家还是贫寒人家，都交往走动，40

岁时就患内热之病死了。这两个人的死说明了什么问题呢？"

田开之略停顿了一下继续讲述道："单豹保养其精神心性而老虎吃掉其身体，张毅保养其身体而病攻其内心。由此看来，这两个人都不懂得鞭策其不足的一面。"

周威公听完田开之的话，连说："我得修身之理了。"

田开之见周威公如此高兴就又接着告诫他说："我听孔子说：'不要过分深藏，不要过分显露，像枯木一样立于中道。'这三点都能做到，他的名声必然极高。一条凶险之路，十个人走过就有一个被杀，于是父子兄弟就会互相提醒，一定要聚集许多人才敢行走，不是也很聪明么？人之所以自取灾祸的，是在枕席之上、饮食之间，对这些反而不引以为戒，真是过错啊！我希望您一定要注意呀！"

周威公点头称是。

田开之向周威公进言之事后来传到了庄子耳中，他却不以为然。他曾举例抒发自己的观点：

掌管祭祀祝祷的官员穿着黑色的斋服，来到猪圈旁对猪说："你为何要厌恶死？我将要用三个月的时间用精料饲养你，还要为你作十日戒、三日斋，铺上白茅草，把你的前槽和后鞯放在雕花的俎上，你愿意这样做吗？"如果真是为猪谋划，就不如放置在猪圈里以糟糠为食更好；如果为自己谋划，活着有高官厚禄之尊贵，死后能有装饰华美的棺椁枢车送葬，就可以去做了。为猪谋划而要抛弃的，自己为自己谋划反而要取用，与猪所不同之处在哪里呢？

◎故事感悟

在庄子看来，田开之的见解虽对，可是选错了讲谏的对象。人的行为如同牧羊，要"视其后者而鞭之"，单豹"养其内而虎食其外"，张毅"养其外而病攻其内"，就是不鞭其后、偏向一端造成的恶果。修身要内修其神，外修其形，形神兼颐，也可谓是性命双修。要达到此目的，唯有无心无为地立于中道才行。

◎文苑拾萃

《达生》节选

庄子

子列子问关尹曰："至人潜行不窒，蹈火不热，行乎万物之上而不栗。请问何以至于此？"关尹曰："是纯气之守也，非知巧果敢之列。居，予语女。凡有貌像声色者，皆物也，物与物何以相远？夫奚足以至乎先？是色而已。则物之造乎不形而止乎无所化，夫得是而穷之者，物焉得而止焉！彼将处乎不淫之度，而藏乎无端之纪，游乎万物之所终始，一其性，养其气，合其德，以通乎物之所造。夫若是者，其天守全，其神无郤，物奚自入焉！

"夫醉者之坠车，虽疾不死。骨节与人同而犯害与人异，其神全也，乘亦不知也，坠亦不知也，死生惊惧不入乎其胸中，是故迕物而不慑。彼得全于酒而犹若是，而况得全于天乎？圣人藏于天，故莫之能伤也。复仇者不折镆干，虽有忮心者不怨飘瓦，是以天下平均。故无攻战之乱，无杀戮之刑者，由此道也。

"不开人之天，而开天之天，开天者德生，开人者贼生。不厌其天，不忽于人，民几乎以其真！"

季梁求医明理

◎豪放悲壮寓理于事。——高适

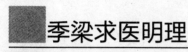

> 　　季梁（生卒年不详），又称季氏梁、季仕梁，随国都（今湖北省随州市西北）人，政治家、军事家、思想家。春秋初期随国大夫，中国南方第一位文化名人，开儒家学说先河的重要学者。李白誉其为"神农之后，随之大贤"。季梁对随楚关系格局影响重大，辅佐随侯期间，提出"夫民，神之主也"的唯物主义思想、"修政而亲兄弟之国"的政治主张以及"避实击虚"的军事策略，使随国成为"汉东大国"，周天子虽"三次征伐"被他称为"荆蛮"的楚国皆"结盟而还"。可惜当时的随侯对季梁的诸多治国方略始纳后弃，致使四面树敌，公元前690年在与强楚青林山一役中丧国辱邦。作为亡国之臣的季梁因此郁郁而终。

　　季梁是春秋末年的随国名士。杨朱年少，但是与季梁志向投合。季梁也很欣赏杨朱的聪颖悟性，而杨朱更是仰慕季梁的超凡异俗。两人便结为忘年之交。

　　有一次，杨朱在窗下凝神读书。读得兴致正浓时，季梁的小儿子突然慌慌张张地跑来找杨朱，说他父亲身染疾病，七天以后突然加重，现在已经病入膏肓了。杨朱听完，立即随他去探望季梁。

　　季梁此时已经病得骨瘦如柴，面容黑黄枯槁，气息奄奄地躺在病榻上。他的几个儿子都围在床边，痛哭不已，请求为季梁请医调治。

　　季梁见杨朱进来，便笑了笑，费力地对杨朱说："你看，我的儿子不成才到了这种地步，你为什么不为我唱首歌，也让他们明白一些道理呢？"

　　于是，杨朱便一边用手拍击桌案，打着节奏，一边引吭高歌。他唱道：

"天如果不知道，人又怎么会知道？福佑不是上天赐予，罪孽也不是人自己创造。我呀！你呀！都不知晓！医生呀！巫师呀！难道知晓？"

杨朱的歌声高亢质朴，荡气回肠。季梁听了，会心地微笑着。季梁的儿子听了却大惑不解，如坠云里雾中。

季梁的儿子最后还是请来了三位医生，一位名叫矫氏，一位名叫俞氏，一位名叫卢氏。季梁的儿子在三位医生面前不停地作揖，哭着恳求医生可以救自己的父亲一命。杨朱不屑，扭身站在一旁。

矫氏走到季梁床前，伸手为季梁搭脉。搭了很久，才用手捻着小胡须，哑巴着嘴唇说："你体内寒温失调，虚实无度。这是由于你饮食没有规律、贪欲纵情、精神忧虑、烦乱不集中所造成的，而不是由于天或鬼导致的。你虽然病情严重，但是不碍大局，还是可以治愈的。"

季梁的儿子听了矫氏的话，都不觉喜形于色，有的甚至急切地向矫氏讨要药方了。而季梁却面容阴沉，说："真是个庸医！赶快把他赶走！"

俞氏走到季梁床前，伸手为季梁搭脉。搭了一会儿，感觉季梁的脉息微沉，皱了皱眉头，说道："你刚出生的时候胎气不足，乳汁有限。你的病不是一朝一夕的结果，而是由来已久，逐渐加重的。唉，你的病已经不能医治了，我也没有办法呀！"说完，他站起身来便头也不回地向外走去。

季梁的儿子一听，又是惊恐，又是悲伤，有的跑去阻拦俞氏，一再哀求。季梁却面不改色，说道："真是个高明的医生呀！你们要好好招待他吃饭！"

卢氏走到季梁的床前，伸手为他搭脉。只是一搭，便说道："你的病不是由于天，不是由于人，也不是由于鬼，人都是秉承自然而形成形体的。有的人愚昧迷惑，就受制于此；有的人玄达开悟，知道这个道理。药物对你来说，又能有什么作用呢？"

季梁的儿子听了卢氏的话，都你看看我、我看看你，茫然不解，而季梁却高兴地喊道："真是个神医呀！你们一定要重重地酬谢他，然后，再恭恭敬敬地把他送走！"

季梁的儿子更加迷惑了，不知如何是好。

杨朱一直静静地站在一旁，心领神会，微笑不语。

不久以后，季梁的病竟然不治自愈了。

◎故事感悟

　　通过季梁染重病、请医生的故事告诉我们，世间一切都是自然而然地生存，自然而然地死亡，人的生命也是如此。所以不要刻意施为，彻悟生命的本性，顺性自然而为。矫氏只是就病论病，有所偏执；俞氏内究其源，看得更远；只有卢氏真正彻悟生命的本性。以理于行，顺从自然办事是积极的，无所作为则是消极的。

◎史海撷英

季梁亲善邻国

　　季梁在为官期间，采取的亲善邻国的外交政策在随楚关系中得到了充分的实施。

　　春秋时期，楚国作为地方的第一强国，拓疆并土，灭国抚民，对汉阳诸姬乃至中原诸国发动了频繁的战争。然而在整个春秋时期，随楚之间的战争见于文献记载的仅有三次。在楚对随发动的三次进攻之中，第一次楚国是不战而退，第二次和第三次楚国虽获小胜，但仍然以盟会告终。这其中的原因，在楚昭王奔随、随人拒绝向吴人交出昭王时的一段话中，便露见了端倪。当时，随人对吴人说："以随之辟小而密迩于楚，楚实存之，世有盟誓，至于今未改。"盟誓的内容并没有明文的记载，但从随人的语气来看，不外乎是指楚随之间互不攻伐、互惠互利。这也证明了随人在处理与楚的关系上奉行了季梁亲善邻国的外交政策。

◎文苑拾萃

季梁公园

　　季梁死后，葬在湖北省随州城的东义地岗，并建有墓祠。抗战中，墓祠被毁，残存的墓丘也在 1958 年被夷为平地。

　　今随州有季梁街、季梁驾校、季梁酒店等。东城季家湾有季姓数十户，相传为季梁的后裔。义地岗东周古墓群为湖北省重点文物保护单位。市机电工程学校内季梁墓遗址上，还塑有其雕像和季梁文化壁画。现在，随州已经拟重修季梁祠，并建成了以展示季梁功绩为主体的"季梁公园"。

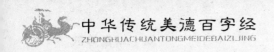

诸葛亮不谋私利

◎谁知将相王侯外，别有优游快活人。——白居易

诸葛亮（181—234年），字孔明，号卧龙（也作伏龙）。汉族。琅琊阳都（今山东临沂市沂南县）人。蜀汉丞相，三国时期杰出的政治家、战略家、发明家、军事家。在世时被封为武乡侯，谥曰忠武侯；后来的东晋政权为了推崇诸葛亮的军事才能，特追封他为武兴王。代表作有《前出师表》、《后出师表》、《诫子书》等。

三国时期，蜀国的君王刘备临死前把治理国家的重任托付给诸葛亮。他认为诸葛亮的才能比魏国的曹丕高十倍，完全可以完成统一天下的大业。

在遗嘱中，刘备甚至说道："我的儿子如果有治国之才，你就辅佐他为国主；如不行，你自己就取代他。"

诸葛亮的权力，当时可算得上是全蜀国最大的了。但他向后主刘禅上书，表示自己绝不以官谋财，以权谋私。

他说："我在益州有点家业，就是八百株桑树，十五顷薄田，家里子女兄弟的衣服食用，都达到自足有余了。而我为官在外，没有别的收入，也不必为他们操心，我自己的衣食住行全靠官职所供给，不会有别的谋财之道，这样做也是为了严明法度。请君王放心，我做官，死时不会使家内有多余的布头，家外不会有丰足的钱财。因为我认为，那样做便辜负了先主对我的重托。"

这位一人之下万人之上的赫赫有名的丞相，到死后果然如他自己所说，家中无余帛，户外无赢财。一生为国为君，自己未谋半点私利。

◎故事感悟

以权谋私，乃为贪。诸葛亮明白这个道理，所以他做到了"行有度"，不会借助自己的权利去满足一己私利。这更是当今社会广大官员值得效仿的！

◎文苑拾萃

《后出师表》节选

（三国）诸葛亮

高帝明并日月，谋臣渊深，然涉险被创，危然后安；今陛下未及高帝，谋臣不如良、平，而欲以长策取胜，坐定天下：此臣之未解一也。刘繇、王朗，各据州郡，论安言计，动引圣人，群疑满腹，众难塞胸；今岁不战，明年不征，使孙策坐大，遂并江东：此臣之未解二也。曹操智计，殊绝于人，其用兵也，仿佛孙、吴，然困于南阳，险于乌巢，危于祁连，逼于黎阳，几败北山，殆死潼关，然后伪定一时耳；况臣才弱，而欲以不危而定之：此臣之未解三也。曹操五攻昌霸不下，四越巢湖不成，任用李服而李服图之，委任夏侯而夏侯败亡，先帝每称操为能，犹有此失；况臣驽下，何能必胜：此臣之未解四也。自臣到汉中，中间期年耳，然丧赵云、阳群、马玉、阎芝、丁立、白寿、刘合、邓铜等，及驱长屯将七十余人，突将无前，丛叟、青羌，散骑武骑一千余人，此皆数十年之内，所纠合四方之精锐，非一州之所有；若复数年，则损三分之二也。——当何以图敌：此臣之未解五也。今民穷兵疲，而事不可息；事不可息，则住与行，劳费正等；而不及今图之，欲以一州之地，与贼持久：此臣之未解六也。

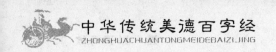

石苞克制猜忌

◎制欲，当以理制之。——格言

> 石苞（?—273年），字仲容，渤海南皮（今河北南皮东北）人。东汉末至西晋时期官员，三国时曹魏和西晋重要将领，官至西晋司徒。魏明帝青龙年间，贩铁到长安，得见于司马懿，任尚书郎，镇东将军，封东光侯，讨伐发动叛乱的诸葛诞时，率领伏兵表现活跃。后来被晋主司马炎封为骠骑将军。卒于273年，死时武帝赐予甚厚并亲为送葬。后代有著名的石崇。

西晋初期，有一位著名的将领名叫石苞，晋武帝司马炎曾派他带兵镇守淮南。在他的管区内，兵强马壮，百姓安生。石苞平时也勤奋工作，各种事务都被处理得井井有条，在百姓当中也享有很高的威望。

当时，占据长江以南的吴国还依然存在，吴国的君主孙皓也还有一定的实力，他们常常伺机进攻晋朝。对石苞来说，他实际上是担负着守卫边疆的重任。

在淮河以北，担任监军的人名叫王琛。王琛平时有些看不起贫寒出身的石苞，又听到一首童谣说："皇宫的大马将变成驴，被大石头压得不能出。"石苞姓石，所以，王琛就怀疑这"石头"就是指石苞。于是，他秘密地向晋武帝报告说："石苞与吴国暗中勾结，想危害朝廷。"在此之前，风水先生也曾对武帝说过："东南方将有大兵造反。"等到王琛的秘密报告送上去以后，武帝便真的怀疑起石苞来了。

正在这时，荆州刺史胡烈送来了关于吴国军队将大举进犯的报告。石苞也听到了吴国军队将要来进犯的消息，便指挥士兵修筑工事，封锁水路，以防御敌人的进攻。武帝听说石苞固防自卫的消息后，便更加怀疑石苞了，因此就对中将军羊祜说："吴国的军队每次来进攻，都是东西呼应，两面夹攻，几乎没有例外的。难道石苞真的要背叛我？"羊祜自然不会相信，但武帝的怀疑并没有因此而解除。

碰巧的是，石苞的儿子石乔当时正担任尚书郎，晋武帝要召见他，可过了一天时间他也没有去。这就更加引起了武帝的怀疑，于是，武帝就想秘密地派兵去讨伐石苞。

武帝发布文告说："石苞不能正确估计敌人的势力，修筑工事，封锁水路，劳累和干扰了老百姓，应该罢免他的职务。"接着，他就派遣太尉司马望带领大军前去征讨，又调来一支人马从下邳赶到寿春，形成对石苞的讨伐之势。

王琛的诬告，武帝的怀疑，此时石苞一点儿都不知道。到了武帝派兵来讨伐他时，他还感到莫名其妙呢。但他想："自己对朝廷和国家一向忠心耿耿，坦荡无私，怎么会出现这种事情呢？这里面一定有严重的误会。一个正直无私的人，做事情就应该光明磊落，无所畏惧。"于是，石苞采纳了孙铄的意见，放下身上的武器，步行出城，来到都亭住下来，等候处理。

武帝知道石苞的行动以后，顿时惊醒过来。他想：讨伐石苞到底有什么真凭实据呢？如果石苞真要反叛朝廷，他修筑好了守城工事，怎么不作任何反抗就亲自出城接受处罚呢？再说，如果他真的勾结了敌人，怎么没有敌人前来帮助他呢？想到这些，晋武帝的怀疑一下打消了。

后来，石苞回到朝廷，还受到了晋武帝的优待。

◎故事感悟

石苞面对不平和猜忌，心底无私，坦然相对，使晋武帝终于自省，也消除了自己的不利之境。石苞的故事告诉我们：在大是大非面前和紧急关头，应该冷静对待。对于自己所遇到的不平遭遇，要用理智战胜内心的欲望，不要因此而惊恐不安或气愤不已，轻举妄动，那样只能是把事情搞得更糟。

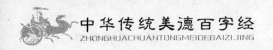

◎史海撷英

石苞有才

石苞心胸开阔，仪容很美，不计小节，时人说："石仲容，姣无双。"郭元信奉司马炎的使命，寻找一个赶车的人，就选了石苞和邓艾。郭元信和他们边行边谈，走了十几里路后，对他二人说："凭你们的才学，将来能做公卿宰相。"石苞答："我们是赶车的，怎么能够做公卿宰相呢！"

不久，石苞便被派到邺城炼铁（今河北临漳）。邺城的长官，沛国人赵元儒能识别人才，和石苞交往中，惊异石苞的才能，觉得这样的人才是不能长久埋没的。从此，石苞的名字便得到了传扬。

后来，石苞又结识了吏部侍郎许允，他请求到小县城做官。许允说："你和我才能一样，为什么去小县呢？我应把你推荐给朝廷。"许允把他推荐给晋元帝，石苞在很短的时间内就被提升为元帝中护军司马，历任东莱、琅邪太守。后来又调任徐州刺史。

晋简文帝司马昱在东关吃了败仗，唯独石苞的军队没受损失，司马昱便指着他自己统治军队的旗帜说："可惜我没把它授给你，才坏了大事！"于是提升石苞担任奋武将军，假节（可以用皇帝兵符制约军队）监理青州等地军队。

◎文苑拾萃

矫志诗

（魏晋）曹植

芝桂虽芳，难以饵鱼。尸位素餐，难以成居。

磁石引铁，于金不连。大朝举士，愚不闻焉。

抱璧涂乞，无为贵宝。履仁遘祸，无为贵道。

鹓雏远害，不羞卑栖。灵虬避难，不耻污泥。

都蔗虽甘，杖之必折。巧言虽美，用之必灭。

济济唐朝，万邦作孚。逢蒙虽巧，必得良弓。

圣主虽知，必得英雄。螳螂见叹，齐士轻战。

越王轼蛙，国以死献。道远知骥，世伪知贤。

覆之帱之，顺天之矩。泽如凯风，惠如时雨。

口为禁闼，舌为发机。门机之阊，楛矢不追。

"世外桃源"显心行

◎不妄取，不妄予，不妄想，不妄求。——《易经》

陶渊明（约365—427年），字符亮，号五柳先生，谥号靖节先生，入刘宋后改名潜，东晋浔阳柴桑（今江西省九江市）人，东晋末期南朝宋初期诗人、文学家、辞赋家、散文家。曾做过几年小官，后辞官回家，从此隐居。田园生活是陶渊明诗的主要题材，相关作品有《饮酒》、《归园田居》、《桃花源记》、《五柳先生传》、《归去来兮辞》、《桃花源诗》等。

魏晋时，信奉道教的阶级成分有了很大变化，随之道教也发生了分化。《隋书·地理志》记载：汉之末世，"是时受道者，类皆兵民、胁从无名之士，至晋世则及士大夫矣"。

为何会出现这种现象呢？主要是由于魏晋是门阀世族掌权的时期，道教的长生不死，闲散放荡，游于名山大川，采药石炼金丹，海阔天空地幻想虚幻的神仙世界，这种生活当然很适合这些门阀世族的需要。

与道教信奉者成分发生变化的同时，广大人民在沉重的赋役负担和残暴的政治压迫下无以为生，尤以东晋为甚。东晋的统治者荒淫腐败已无法形容。孝武帝司马曜晚年，"溺于酒色，始为长夜之饮"。其后的皇帝也大都如此，搞得当时"官以贿迁，政刑谬乱"，"用度奢侈，下不堪命"。另外，东晋统治阶级的内争也是其他王朝不可比拟的。

这样的一种生活现实深深地影响了陶渊明的一生，使得陶渊明的一些所为被打上了道教的印记。

　　陶渊明曾任彭泽县令，但他不图荣华富贵，不攀高结富，不同腐朽势力同流合污，最后愤然辞官归隐。

　　隐居以后，陶渊明曾作题为《归去来辞》的诗一首，其中写道："富贵非我愿，帝乡不可期。"诗文充分体现了他淡泊富贵的情操。

　　江南土地，大都山明水秀。春天，金色的阳光照射着陶渊明隐居处周围郁郁葱葱的层峦叠嶂，显得格外清新、秀丽。这里的生活虽然比较清苦一些，但周围的环境却非常优美而宁静。清澈的泉水就在房屋的旁边不停地流淌着，真是一个养性修身的好地方。

　　陶渊明站在门前，放眼望去，和暖的春风吹拂着大地，自然界呈现出一派生气勃勃的景象，心神顿觉怡然。往日在朝时，所见的尔虞我诈、争权夺利，统统从心中扫去。从此，他开始从事农桑，过着日出而作、日落而归、悠闲自然的田园生活。

　　陶渊明在耕作之余，写了不少佳作。其中，《桃花源记》驰名中外。其意是：

　　有一个渔夫，一天，划着他的小船，顺着溪流前进，不知不觉，忽然来到了一座桃花林。林中没有一棵别的树，全是桃树，开满了花，好看极了。小船穿过了桃花林，迎面是一座山，山下是一个小小山洞，溪水就是从这个山洞里流出来的。原来这儿正是溪流的源头。渔夫靠近山洞，向里面望望，好像有些亮光，便丢下船，从山洞里钻进去。洞口很窄，可是里面却越进越宽，走了几十步，一出山洞，竟是另一个世界。那儿有整齐的村舍，肥沃的田地，男女老少都生活得非常幸福、安乐。他们见了渔夫，很觉惊异，问明以后，又都感到稀罕。便邀请他到村里去，杀鸡煮饭，殷勤招待。村中人们，都来看他，大家互相打听，谈得非常愉快。村人告诉渔夫：他们的祖先，在秦朝时候为了躲避乱世来到这里，就此安家落户，世代相传，和外界完全隔绝了。他们根本不知秦朝早已灭亡。更不知道秦朝以后，经过汉朝，而现在又是晋朝了。村中人家轮流招待，渔夫住了好几天，才告辞回家。临别，村中人一再叮嘱："不足为外人道也！"也就是说，不要对外面的人们说我们这儿的事！可是，渔夫回家以后，还是对人说了这件事。有人想去找那个地方，

到底没找着。

后来人们借用这个故事，形容幸福安乐、与世隔绝的理想境地，就叫做"桃源乐土"或"世外桃源"。

◎故事感悟

故事充分反映出了陶渊明的淡泊名利之心，以及向往回归自然的朴素思想。生活在"桃园乐土"里的人们，也突破了功、名、利、禄等身外之物的束缚，使自己的精神或灵魂无挂无碍地遨游于无物、无我的无穷世界了。

◎史海撷英

陶渊明的田园诗

陶渊明一生创作的田园诗数量最多，成就也最高。这类诗既表现了诗人鄙夷功名利禄的高远志趣和守志不阿的高尚节操，也表现了诗人对黑暗官场的极端憎恶和彻底决裂，同时还充分表现了诗人对淳朴田园生活的热爱，对劳动的认识和对劳动人民的友好感情，以及对理想世界的追求和向往。作为一个文人士大夫，这样的内容出现在文学史上是前所未有的，尤其是在门阀制度和观念森严的社会里，陶渊明的田园诗就更显得特别可贵。

不过，陶渊明的田园诗中也有一些是反映自己晚年困顿状况的，这也能帮助读者间接地了解到当时农民阶级的悲惨生活。陶渊明的《桃花源诗并记》大约作于南朝宋初年，它描绘了一个乌托邦式的理想社会，表现了诗人对现存社会制度彻底否定与对理想世界的无限追慕之情，也标志着陶渊明的思想达到了一个崭新的高度。

可以说，陶渊明是田园诗的开创者，他的田园诗以淳朴自然的语言、高远拔俗的意境，为中国诗坛开辟了新天地，并直接影响到唐代的田园诗派。

◎文苑拾萃

归去来兮辞

（晋）陶渊明

　　归去来兮，田园将芜胡不归？既自以心为形役，奚惆怅而独悲？悟已往之不谏，知来者之可追。实迷途其未远，觉今是而昨非。舟遥遥以轻飏，风飘飘而吹衣。问征夫以前路，恨晨光之熹微。

　　乃瞻衡宇，载欣载奔。僮仆欢迎，稚子候门。三径就荒，松菊犹存。携幼入室，有酒盈樽。引壶觞以自酌，眄庭柯以怡颜。倚南窗以寄傲，审容膝之易安。园日涉以成趣，门虽设而常关。策扶老以流憩，时矫首而遐观。云无心以出岫，鸟倦飞而知还。景翳翳以将入，抚孤松而盘桓。

　　归去来兮，请息交以绝游。世与我而相违，复驾言兮焉求？悦亲戚之情话，乐琴书以消忧。农人告余以春及，将有事于西畴。或命巾车，或棹孤舟。既窈窕以寻壑，亦崎岖而经丘。木欣欣以向荣，泉涓涓而始流。善万物之得时，感吾生之行休。

　　已矣乎！寓形宇内复几时，曷不委心任去留？胡为乎遑遑欲何之？富贵非吾愿，帝乡不可期。怀良辰以孤往，或植杖而耘耔。登东皋以舒啸，临清流而赋诗。聊乘化以归尽，乐夫天命复奚疑！

王安石清心寡欲

◎人之心胸，多欲则窄，寡欲则宽。——金缨

王安石（1021—1086年），字介甫，号半山，封荆国公。汉族。临川人（今江西省抚州市区荆公路邓家巷人），北宋杰出的政治家、思想家、文学家、改革家，唐宋八大家之一。有《王临川集》、《临川集拾遗》等存世。官至宰相，主张改革变法。诗作《元日》、《梅花》等最为著名。

王安石为推行新政，屡遭保守派反对，曾先后两辞相位，表现出了报国无私、宁折不屈的人格。在道家的影响下，他对养性修身的态度同他的从政主张一样，都是以清心治本为准绳。

有一年，王安石患了哮喘病。配药时，缺少一味紫团人参，一时在东京城里买不到。

这时，有一个叫薛师政的人自河东回来，正好带来此参。他听说王安石宰相需要紫团参，忙把山参送去。王安石拒不收赂。亲友劝他收下，说：“您的病非得用这种药才能治好，收点药算不得什么大事！”王安石却说：“平日无紫团参，我亦活到今日。”他宁可不治病，也不收他人礼品。

一次，王安石脸色发黑。门人担心他患了病，就去问医生。医生说，荆公面黑不是病，而是垢污。并告诉家人一个治疗方法，每日用藻豆搓洗面部，久之，脸会由黑变白。王安石听后，仰天大笑说：“心赤何忧面黑。”说着把藻豆撒了一地。

王安石在京为官时，东京城内下围棋成风。王安石有时读书读累了也下

一盘，换换脑筋。别人下棋都喜欢赢，他却从来不计较输赢，也不愿意多用脑子，随便下子，输了就算。别人笑话他一手臭棋，他却说："我下棋不过是消遣，休息休息。要是为了一盘棋、一个子儿苦思冥想，反而更伤精神，还不如不下呢。"伤神劳心的消遣王安石是不做的。

王安石的养性修身以清心为本，也反映在生活中，反映在吃穿上。

有一天，仆人对王安石夫人说："大人好像特别爱吃獐子肉呢！"王安石夫人听了很奇怪，就问道："你们怎么知道的？"

"这些天吃饭，别的菜大人一口也没动，可獐子肉每回都吃得精光。"仆人答道。

王安石夫人又问道："盛獐子肉的碗怎么放的？"

"就放在大人面前。"

翌日，王安石夫人又特意让厨师做了同样的菜，可是把那碗獐子肉放在桌子中间，在王安石面前放了一碗青菜。这一回王安石却没吃一块獐子肉，倒把那碗青菜吃得干干净净。大家这才知道，原来王安石并不是特别爱吃獐子肉，只不过看哪个菜吃起来方便，就吃哪个菜罢了。

至于穿着上，王安石就更不讲究了。43岁那年，他母亲谢世了。王安石对母亲的感情很深，为了表示对母亲的哀悼，他在回老家办丧事期间不在卧室里睡，而在客厅的地上铺了一堆柴草，天天睡在上面，加上他的衣服一向不讲究，弄得身上异常邋遢。可他却不在乎，这就闹出了笑话。

一天，从湖北来了个信差，给王安石送信。那信差走进王家的客厅，只见一个面容枯瘦、衣服破旧的老头儿，正坐在地下的草堆上。他想，这准是看门的，就把信交给他，请他送给王大人。谁知道这老头儿二话没说，拿起信就拆。信差急得嚷了起来："这是王大人的信，你怎么敢乱拆？"

旁边的仆人听见了，就过来对他说："你嚷嚷什么？这就是我们王大人。"那信差吓了一大跳，连忙赔罪。

后来，沈括写的《梦溪笔谈》也曾记载了王安石清心治本养性的故事。

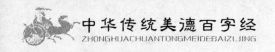

◎故事感悟

　　"性之造化系乎心"，"性受心役"。王安石清心治本，正可谓得"理"之道呀！著名道教家王重阳曾把"理"规定为"性命"，认为要保全性命之真，就得"洗心"，"心清意静天堂路，意乱心慌地狱门"。这与王安石的清心治本有异曲同工之感。

◎史海撷英

青苗法与募役法

　　北宋熙宁二年（1069年）九月，宋神宗在王安石的建议下，颁布了青苗法，规定以各路常平、广惠仓所积存的钱谷为本，其存粮遇粮价贵，即较市价降低出售，遇价贱，即较市价增贵收购。其所积现钱，每年分两期，即在需要播种和夏、秋未熟的正月和五月，按自愿原则，由农民向政府借贷钱物。收成后，随夏、秋两税，加息十分之二或十分之三归还谷物或现钱。

　　青苗法使农民在新陈不接之际，不至于再受"兼并之家"高利贷的盘剥，从而能够"赴时趋事"。

　　北宋熙宁四年（1071年），又颁布实施了募役法（免役法），规定由州、县官府出钱雇人应役。各州、县预计每年雇役所需经费，由民户按户等高下分摊。

　　募役法使原来轮流充役的农村居民都回乡务农，原来享有免役特权的人户也不得不交纳役钱，官府也因此增加了一笔不小的收入。

◎文苑拾萃

桂枝香·金陵怀古

（宋）王安石

登临送目，正故国晚秋，天气初肃。

千里澄江似练，翠峰如簇。

归帆去棹斜阳里，背西风，酒旗斜矗。

彩舟云淡，星河鹭起，画图难足。

念往昔，繁华竞逐，叹门外楼头，悲恨相继。

千古凭高，对此漫嗟荣辱。

六朝旧事如流水，但寒烟衰草凝绿。

至今商女，时时犹唱，《后庭》遗曲。

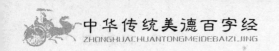
郁离子劝随阳公子戒奢

◎勿以恶小而为之，勿以善小而不为。惟贤惟德，能
服于人。——刘备

> 郁离子（1311—1375年），"郁离子"是刘伯温的托称。刘基，字伯温，谥文成。
> 汉族。温州文成县南田人（旧属青田县）。元末明初军事谋略家、政治家及诗人，通经
> 史、晓天文、精兵法。他以辅佐朱元璋完成帝业、开创明朝并使尽力保持国家的安定，
> 因而驰名天下，被后人比作为诸葛亮。朱元璋多次称刘基为："吾之子房也。"

有一次，随阳公子去访问隐居在山林中的郁离子。双方坐定后，随阳公子起立开言道："我很早就听说过先生的大名了，十分敬仰先生。今天才有机会与您相见，特向您表示敬意。我想有道之士是不会遗弃一个草莽之人所讲的话的，我想向您谈一谈我的看法。"郁离子虚心地说："愿意听听您的教诲。"

随阳公子说："宏大的房屋，深宅大院，四周有围墙环绕。院中有宽阔的天庭，平坦如砥，两边有高楼环立，突室留春，清馆含秋，檐下有五彩的飞廊，层层相继的屋脊如天上的彩云。房屋由彩虹般的香木支撑着，保持平衡，雕刻着飞鸟走兽的美石承担着桓柱。浮柱交错如星罗棋布，碧瓦琉璃像荡漾着的水波。光彩夺目的奇花异草即使在冬天里也开花结果，秀美的高林在夏天凉爽宜人。浮光流影进入就变成彩霞，细乐微声响动便生出清风。摇动如街巷大开，飘忽似管弦齐鸣。于是美丽的舞女，拖着云烟般的翠绡罗裙，鸣响着像泉水琅琅的佩玉，翩翩起舞。华宴摆开，金樽陈上，澄清芳醴，杀牛宰羊烹鹿，有蚌汤鱼汁佐餐。把跳跃急流的鲜鲂鱼切成细片，把高飞云端的天鹅用火炙烤，熬月窟中的兔肺作汤，煮雾谷的豹胎而食。果品有碧华的莲

子，紫英的雪梨，霜柑充满蜜汁，红荔犹如凝脂。吃饱喝足之后，献清新鲜美的水果，踏着笙箫乐曲的节奏起舞，良宵苦短，直到雄鸡报晓，才奏起挽留嘉宾的雅乐。这一切是多么美好，我希望能和先生一起享受。"

郁离子听后说："贪恋酒色，生活豪奢。如果是一个国君的话，只要占有一样就可以让他亡国啊。我不愿意这样生活。"

◎故事感悟

《劝忍百箴》中告诫我们："天赋于人，名位利禄，莫不有数。人受于天，服食器用，岂宜过度？乐极而悲来，祸来而福去。"以理制欲，戒奢节俭，郁离子的观点也值得我们当今社会人借鉴。

◎史海撷英

郁离子叹狸

郁离子居住在山上，有一天夜里，总有一只野狸子偷他家的鸡。他起来追赶，但没追上。第二天，仆人在野狸子钻进来的地方安置了捕捉工具，并用鸡来作诱饵，就在当天晚上捉住了那只野狸子。

野狸子的身子虽然被缚住了，但是嘴和爪子仍然紧紧地抓住鸡。仆人一边打一边夺，野狸子到死也不肯把鸡放下。

郁离子叹了一口气，说："为钱财利禄而死的人们，大概也像这只野狸子吧！"

◎文苑拾萃

田 家

（明）刘基

田家无所求，所求在衣食。

丈夫事耕稼，妇女攻纺绩。

侵晨荷锄出，暮夜不遑息。

饱暖匪天降，赖尔筋与力。

租税所从来，官府宜爱惜。

如何恣刻剥，渗漉尽涓滴。

怪当休明时，狼藉多盗贼。

岂无仁义矛，可以弥锋镝。

安得廉循吏，与国共欣戚。

清心罢苞苴，养民瘳国脉。

二程倡理学丰富儒学

◎天下之事，患常生于忽微，而志戒于渐习。——程颐

程颢（1032—1085年），字伯淳，人称明道先生，原籍河南洛阳，生于湖北黄陂县。宋代大儒，理学家、教育家，封"先贤"，奉祀孔庙东庑第38位。与程颐为同胞兄弟，世称"二程"。"二程"早年受学于理学创始人周敦颐，宋神宗赵顼时，建立起自己的理学体系。

程颐（1033—1107年），字正叔，汉族，北宋洛阳伊川人，人称伊川先生，北宋理学家和教育家。为程颢之胞弟。历官汝州团练推官、西京国子监教授。元祐元年（1086年）除秘书省校书郎，授崇政殿说书。与其胞兄程颢共创"洛学"，为理学奠定了基础。

程颢和程颐两兄弟都是宋代时期著名的理学家，世称二程，他们在中国儒学思想发展史中都占有很重要的地位，是中国儒学第二次复兴的主要骨干人物。由于二程的思想十分接近，生活经历也基本相同，一般学术史和评价对他们的学术思想也很少进行分别介绍。

程颢自幼聪颖，幼年时期就开始习诵儒家经典，10岁便能写诗作赋。他不但天资聪颖，并能刻苦学习，20余岁即已经中进士。随后，他还做了几任的地方官，在任上也是一位干练的官员。

程颢在地方官任上时，积极推行儒家的政治路线。在泽州晋城（今山西晋城县）做县令时，程颢"泽人淳厚，尤眼先生教命。民以事至邑者，必告之以

孝悌忠信，入所以事父兄，出所以事长上，向县民宣示儒家礼教"。他还按照儒家政治理想管理政事，"度乡村远近为伍保"，"使之力役相助，患难相恤，而奸伪无所言。凡孤茕残废者，责之亲戚乡党，使无失所。行旅出于途者皆有所养。诸乡有校，暇时亲至，召父老而与之语；儿童所读书，亲为正句读；教者不善，则为易置。俗始甚野，不知为学。先生择子弟之秀者，聚而教之，去邑才十余年，服者盖数百人矣。"

程颐也是一位早熟的道学先生，18岁时，他就以布衣身份上书仁宗皇宗，劝其"以王道为心，生灵为念，黜世俗之论，期非常之功"，可谓怀有雄心大志。

也是在18岁时，程颐在太学读书，撰成了一篇名为《颜子所好何学论》的文章，得到了当时掌管太学的大儒胡瑗的赏识，并立即传他相见，又"处以学职"。从此，年轻的程颐一举出名，与他同在太学读书的吕希哲等人竟然来拜他为师，"而四方之士，从游者日众"。此后，他的名声和影响就更大了。

程颐虽然没有考中进士，但按照旧例，程家是世代为官，他们的父亲程珦享有荫庇子弟当官的特权，而程颐却把每次"任恩子"的机会让给了本家族的其他人，自己没有出去做官，长期以"处士"的身份潜心于孔孟之道，并且大量接受学生，从事讲学活动。

1059年，程颐受诏，赐进士出身。据今尚保存在河南嵩县程村的碑刻记载：神宗元丰五年（1082年），太尉文彦博鉴于程颐"著书立言，名重天下，从游之徒，归门甚众"，就在洛阳鸣皋镇的一个小村庄拨了一块土地，专门为他建修了一座"伊皋阙书院"，让他在此讲学达二十余年。

二程从事学术活动多年，培养了一大批的理学人才，尤其是跟随程颐求学的弟子非常多，其中著名的人物有谢良佐、杨时、游酢、吕大中、吕大均、吕大临、邵伯温、尹焞、张绎等人。在这些人之中，又以杨时和谢良佐最为出色。而两个人对洛学的贡献、对二程学说的传承，都起到了重大的作用。

理学创始人，虽然也着重研究人道问题，但他们为了从形而上学的高度去论证"圣人之道"和伦理道德的至高无上性，为了把天道与人道统一起来，因而也重视对天人关系的研究。人们也把理学称之为"道学"，因为在他们那里，"理"和"道"是同等的概念。

二程学说的核心是"天理"论。程颢说："吾学虽有所受，天理二字却是自家体贴出来。"（《遗书》卷12）天理是二程的最高哲学范畴，天理在二程，一般称之为"理"。理的概念，早在韩非就提出了，和二程同时的张载、周敦颐、邵雍都提出了"理"的概念，但他们所讲的"理"还不具有最高范畴的意义。张载说："天地之气，虽聚散攻取百涂，然其为理也，顺而不妄。"（《正蒙》）周敦颐说："礼，一理也；乐，和也。阴阳理而后和。"（《通书·理·性·命》）邵雍提出了"以理观物"的思想，他说："夫所以谓之观物者，非以目观之也……而观之以理也。"（《皇极经世·观物内篇》）然而，张、周、邵的"理"都不具有最高哲学范畴的含义，只有二程才把"理"上升为其思想体系中的最高范畴。

二程把"理"概括为封建伦理道德之总称。周敦颐的"礼，理也"一说，被二程进一步发展了，他们把封建道德原则和封建的等级制度概称为"天理"。也就是说，把封建制度及其作为这种制度的人的行为规范，提升到宇宙本体的"理"的高度，认为如果谁违反了它，也就违背了"天理"。他们说："理即是礼也。"封建等级制度，君臣、父子、夫妇之别，就是理。二程说："天地之间，无所适而非道也，即父子而父子所在亲，即君臣而君臣所在严（一作敬），以至为夫妇，为长幼，为朋友，无所为而非道。""上下之分，尊卑之义，理之为也，礼之本也。"（《程氏易传》）君臣、父子、长幼、夫妇等上下、尊卑关系，只用一个"理"字概括。在这些关系中，人们只能各安其位，各尽其事，一切视、听、言、动都只能按照封建的伦理道德行事，这才合于"理"的要求。

理学思想具有十分明显的政治意义，它为高度集中的集权政治提供了可靠的理论依据，并且成为整个后期封建社会统治者的政治思想基础，在很长的一个历史时期起到了维护封建制度的作用。

二程终生精思神虑，阐发儒经之义理，又吸取佛、道学说中的一些思想成果，及其思维方法于理学之中，用以丰富和发展了儒家学说，并使之更具有理论思维的色彩，从而大大增强了儒学对读书人的吸引力。一种学说之所以能长期独尊于百家之上，不仅仅是靠统治者的青睐与强力推行。如果它本身不具备征服人们思想的精神力量，没有自己的生命力和生存价值，肯定不

可能长期延续下去。

二程的理学之所以能够成立和被其后学加以继承发扬，除了他们本身具有独到的思维能力、具有开创学派的聪明睿智之外，还在于他们善于继承和总结前代与同代儒学大师的成果。在这方面，张载、周敦颐、邵雍等人已经为他们奠定了可靠的基础。

其次，在学风上，二程开创了有别于"汉学"的治经途径。他们突破了汉人治经专重名物训诂和严守师传、不敢独立思考的旧习，而特别注重探求义理，阐发孔、孟之道，并提出了"穷经以致用"的主张。这种治学方法虽然不为二程所独具，但在他们那里表现得最充分。他们所探寻的"义理"虽然集中于对儒家经典中"性与天道"和纲常伦理大义的阐发，但它却突破了汉学不敢独立思考的默守陈词的治学方法，不失其为一种大的进步，也给后人留下了颇具积极意义的历史遗产。当然，在理学后来被定为属于支配地位的意识形态以后，就长期束缚了人们的思想，妨碍了知识分子的思想开放，阻碍了自然科学的发展，故其消极面仍然是不可忽视的。

◎故事感悟

二程兄弟终生都在追寻"理"，把儒家传统的"天人合一"思想，用"天人一理"的形式表达了出来。中国上古哲学中"天"所具有的本体地位，现在开始用"理"来代替了。这是二程对儒家学说发展及对中国哲学发展的一大贡献，也为中华民族的优秀道德传统奠定了相当的基础。

◎史海撷英

程颢妙破讹诈案

宋神宗熙宁年间，程颢在当山西晋城担任县令时，曾以寥寥数语破了一件讹诈案。

当时，有一个姓张的财主得急病死了，棺木埋葬后的第二天一早，有个老头儿就来到他家，对财主唯一的儿子说："我是你父亲，现在我年纪大了，无依无靠，来和你一起生活。"接着，老头儿又一五一十向财主的儿子说明了来由。财主的儿子感到非常惊讶，于是就拉着老头儿一起到了县府，请求县令程颢来判断。

老头儿先说："我是个郎中，因家中贫困，四处流浪，为人治病，一年中很少回家。妻子生下儿子后，无力抚养，只得狠心把儿子送给了张财主。某年某月某日，由村上的李某抱去，邻居阿毛亲眼看见的。"

"事隔那么多年，你怎么能把事情说得这么详细呢？"

老头儿说："我是从远地方行医回村后才听说的，当时记在处方册的背后。"说着，他从怀里掏出了一个处方册递给程颢，上面用毛笔写道：某年某月某日，某人把小儿抱走，给了张三翁。

程颢问财主的儿子："你今年多大岁数？"

财主的儿子答道："36岁。"

程颢又问："你父亲今年多大年纪？"

"76岁！"

程颢对老头儿说："听见了吧，这人出生时，他父亲才40岁，这样的年纪别人怎么会称作张三翁呢？"

老头儿听罢，惊恐异常，承认是自己妄想讹诈财主家的钱物，夺人田地，才来冒认儿子。

◎文苑拾萃

游月陂

（北宋）程颢

月陂堤上四徘徊，北有中天百尺台。

万物已随秋气改，一樽聊为晚凉开。

水心云影闲相照，林下泉声静自来。

世事无端何足计，但逢佳节约重陪。

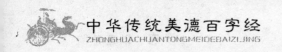

朱熹完善理学的一生

◎存天理，灭人欲。——朱熹

朱熹（1130—1200年），字元晦，一字仲晦，号晦庵、晦翁、考亭先生、云谷老人、沧洲病叟、遯翁，汉族。南宋江南东路徽州府婺源县（今江西省婺源）人。19岁进士及第，曾任荆湖南路安抚使，仕至宝文阁待制。为政期间，申敕令，惩奸吏，治绩显赫。南宋著名的理学家、思想家、哲学家、教育家、诗人、闽学派的代表人物，世称朱子，是孔子、孟子以来最杰出的弘扬儒学的大师。

中国传统的儒学发展至南宋进入了一个新的里程碑，建立了一个庞大的、崭新的、复杂的理学体系，其影响"继往圣将微之绪，启前贤未发之机，辨诸儒之得失，辟异端之论谬，明天理，正人心，事业之大，又孰有加于此者"。（宋·黄榦《行状》）连后人都感叹道："致广大，尽精微，综罗百代矣。江西之学，浙东永嘉之学，非不岸然，而终不能讳其偏。"（清·全祖望《宋元学案·晦翁学案》）这集中国理学之大成的一代宗师就是尤溪的朱熹。

朱熹从小聪明颖悟，勤学敏思，他父亲指天告诉他："那是天。"朱熹就会好奇地问他父亲："天的上边有什么东西？"读书时，老师教他读《孝经》，他在书上写道："不若是，非人也。"

孩子们在玩沙弄泥，嬉戏打闹，而朱熹独自坐在一旁用手指画沙。细一看，他画的竟是周易卦爻图。朱熹14岁那年，朱松在临终前嘱咐他说："籍溪胡原仲、白水刘致中、屏山刘彦冲三人，学有渊源，吾所敬畏；吾即死，汝往事之，而惟其言之听。"于是，朱熹遵从父命到崇安投奔刘子翚（朱熹义父）、胡宪、刘勉之。他们视朱熹如子侄，热情教诲达10年。刘勉之还将女儿嫁给朱熹为妻。

绍兴十八年（1148年），朱熹以试题《创业守文之策》中进士。

绍兴二十一年（1151年），朱熹以左迪功郎出任泉州同安主簿。在任期间，朱熹从邑里优秀的乡民中选收弟子，教他们理学和圣贤修己治人的道理；并且倡建经史阁，收藏书籍以供阅读。次年，由于朱熹政绩突出，与徐度、吕广问、韩元吉一起被推荐入京晋见。可是，朱熹淡泊功名，称病谢绝。

绍兴二十三年（1153年），朱熹任满辞职回崇安武夷山中建中山堂讲学著述，研究理学。他曾多次步行到他父亲的同窗好友李侗家拜师求教。同年冬，他正式拜李侗为师，学习和研究正统的"洛学"。朱熹在李侗门下受益匪浅，他承袭"洛学"（二程学说）的正统，奠定理学基础。在李侗的启发下，领悟了"逃禅归儒"的真谛。

隆兴元年（1163年）孝宗即位，诏求直言。朱熹上封事言，认为"帝王之学，必先格物致知，以极夫事物之变。使义理所存，纤悉毕照，则自然意诚心正，而可以应天下之务……"朱熹的意图是用理学来推论政治。不久，宋孝宗又召朱熹奏对于垂拱殿。朱熹奏说两件事：一是："大学之道在乎格物以致其知。"二是："君父之仇不与共戴天。今日所当为者，非战无以复仇，非守无以制胜。"当时，朝廷以汤思退为相主倡与金议和，因此没有重视朱熹的意见。朝廷任命朱熹为武博士，朱熹没有赴任。

乾道元年（1165年），朝廷又催促朱熹就职，这时洪适为相，也是个主和派。朱熹与他观点相背，愤而辞官归隐。

乾道三年（1167年），朱熹应理学大师张栻之邀从崇安启程，由学生范伯崇、林择之随行，抵达长沙岳麓书院。朱、张会讲持续两个多月之久，开启书院会讲制度先河。

淳熙二年（1175年）四月，南宋著名哲学家、文学家吕祖谦从浙江来访，朱熹与他一起研讨四十余日。此后，吕祖谦邀请朱熹和江西陆九渊兄弟到江西信州（今江西铅山）参加学术讨论，朱、陆进行一场方法论的争论，这就是历史上有名的"鹅湖之会"。

绍熙五年（1194年），朱熹出任湖南安抚使时再次到潭州（今长沙）。他重整岳麓书院，聘请黎贵臣等名流为教师，贯彻他的教学思想，把《白鹿洞书院揭示》颁布于岳麓书院，并择地重建书院。置学田50顷，向皇帝乞赐九经御书，安排斋舍、招生、几案、床榻等。岳麓书院在朱熹的整顿下日益兴盛，求学者日益增多。

庆元元年（1195年）宁宗即位后，任命朱熹复为侍讲（皇帝的老师）。韩侂胄自以为拥立宁宗有功把持朝政，擅权弄国。朱熹上疏宁宗，斥责韩侂胄一党擅权误国。宁宗祖护韩侂胄，在朱熹的奏章上御批："悯卿耆艾，恐难立讲，已除卿宫观。"朱熹任侍讲仅46天，就被罢免。不久，韩侂胄诬逐赵汝愚后为相，更是大权独揽。韩侂胄一党大力排斥道学，庆元二年（1196年）监察御史沉继祖诬造十大罪状，弹劾朱熹。

庆元五年（1199年），朱熹年老获准辞职。他迁居福建崇安县五夫镇紫阳楼著书、讲学。"自熹去国，侂胄势益张"。朝野之间，掀起了一股反"伪学"的逆风。太常少卿胡纮为首上书朝廷，说："比年伪学猖獗，图为不轨，望宣谕大臣，权住进拟。""右谏议大夫姚愈论道学权臣结为死党，窥伺神器。乃命直学士院高文虎草诏谕天下，于是攻伪日急，选人余嘉至上书乞斩熹。"朱熹学派的官员都受到打击，或流放或坐牢，历史上称之为"庆元党祸"。

朱熹自进士登第入仕以来，前后五十多年，为官仅9年，在朝46天，其余时间都是讲学传道，著书立说。

朱熹所建立的理学思想体系与"二程"的河洛理学概念比较接近，因此有"程朱理学"之并称（也有学者认为是程颐与朱熹的合称）。但是，朱熹所建立的理学思想体系是在对周敦颐的"太极"说、邵雍的象数学、张载的气化论乃至程颢的心性论做了综合性吸收的基础之上，集诸家之成就，确立自己的理学思想体系的。

朱熹主张人心必须绝对地服从于道心，强调道德理性的主导作用；既以"存天理，灭人欲"，完成道德自我的回归。他探讨了事物的成因，把运动和静止看成是一个无限连续的过程。时空的无限性又说明了动静的无限性，动静又是不可分的。这表现了朱熹思想的辩证法观点。

　　朱熹用《大学》"致知在格物"的命题，探讨认识领域中的理论问题。在认识来源问题上，朱熹既讲人生而有知的先验论，也不否认见闻之知。他强调穷理离不得格物，即格物才能穷其理。朱熹探讨了知行关系。他认为知先行后，行重知轻。从知识来源上说，知在先；从社会效果上看，行为重。而且知行互发，"知之愈明，则行之愈笃；行之愈笃，则知之益明"。

　　朱熹从心性说出发，探讨了天理人欲的问题。他以为人心有私欲，所以危殆；道心是天理，所以精微。因此朱熹提出了"遏人欲而存天理"的主张。朱熹承认人们正当的物质生活欲望，反对佛教笼统地倡导无欲，他反对超过延续生存条件的物质欲望。这对世人注重个人品德修养，形成良好社会道德传统无疑是有积极意义的。

　　庆元六年（1200年）农历三月，朱熹去世。嘉定二年（1209年），宋宁宗谥封朱熹为"文公"；宝庆三年（1227年），宋理宗又追赠朱熹为"太师"，谥封"信国公"；绍定三年（1230年）封朱熹为"徽国公"。咸淳五年（1269年），宋度宗诏赐朱熹故乡婺源为"文公阙里"。

　　随着理学越来越多地被历代统治者所重视和利用，对朱熹的封赠也越来越多。元至正元年（1341年），元惠宗诏立"徽国文公之庙"；明崇祯十五年（1642年），明毅宗诏称"先儒朱子"（后改称"先贤"），列于汉唐诸儒之上；清康熙五十一年（1712年），清圣祖诏升"先贤朱子于十哲之次"，定文庙春秋祭祀。

◎故事感悟

　　朱熹是理学的集大成者，中国封建时代儒家的主要代表人物之一。他的学术思想在元朝、明朝、清朝三代，一直是封建统治阶级的官方哲学，标志着封建社会更趋完备的意识形态。他的主张演化成了多方面的优良道德传统，就是在今天也还有一定的教育意义。

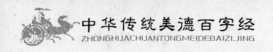

◎史海撷英

朱熹的美学思想

朱熹的哲学体系中，含有很多艺术美的理论。他认为，美是给人以美感的形式和道德善的统一。基于美是外在形式的美和内在道德的善相统一的观点，朱熹探讨了文与质、文与道的问题，认为文与质、文与道和谐统一才是完美的。

此外，朱熹还多次谈到乐的问题。他把乐与礼联系起来，贯穿了他把乐纳入礼以维护统治秩序的理学根本精神。

在对"文"和"道"的关系的解决上，朱熹在哲学思辨的深度上超过了前人。他对《诗经》与《楚辞》的研究，也经常表现出其敏锐的审美洞察力。

◎文苑拾萃

念奴娇

（南宋）朱熹

临风一笑，问群芳谁是，真香纯白。

独立无朋，算只有、姑射山头仙客。

绝艳谁怜，真心自保，邈与尘缘隔。

天然殊胜，不关风露冰雪。

应笑俗李麤桃，无言翻引得，狂蜂轻蝶。

争似黄昏闲弄影，清浅一溪霜月。

画角吹残，瑶台梦断，直下成休歇。

绿阴青子，莫教容易披折。

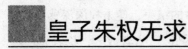

皇子朱权无求

◎名为锢身锁，利是焚身火。——白居易

朱权（1378—1448年），字臞仙，号涵虚子、丹丘先生，自号南极遐龄老人、臞仙、大明奇士。自幼体貌魁伟，聪明好学，人称"贤王奇士"。朱元璋第十七子，卒谥献，又称宁献王。

朱权生在一个帝王之家，其父就是明朝赫赫有名的开国皇帝朱元璋。

在这样的一个家庭中，朱权可谓有享不尽的荣华富贵了。可是，在这样的一个家庭中，有时也会出现危机的，如有不慎，也是会掉脑袋的。

朱元璋在应天（今江苏省南京市）即皇帝位，改国号明后，攻下元大都，逐步完成了全国的统一。

为了要朱家皇朝长期巩固下去，二十多年中，朱元璋陆续分封诸皇子及侄孙为25个藩王，把他们的驻地分配到全国各地，使他们拱卫京师。同时，他又怕藩王权力大了，就又规定各地诸王只领3000护卫，并且不许干预民政。只有驻在西安的秦王，驻在太原的晋王，驻在北平（今北京市）的燕王等，给予统兵之权。

但朱元璋死后的第二年，皇族内部就围绕着藩王问题展开了激烈的斗争。

朱元璋死后，惠帝继位。惠帝朱允炆是朱元璋嫡长子朱标的儿子。惠帝害怕藩王势力的膨胀，听了齐泰、黄子澄的计谋，采取了削藩的步骤。他刚刚废了几个藩王，实力最大的燕王在谋士姚广孝的策划下，就起兵造反了。

惠帝和燕王间争夺政权的战争，一直打了四个年头。应天陷落，惠帝于城破后去向不明。燕王夺得了帝位，次年改年号为永乐，历史上被称为明成祖，又称为永乐皇帝。

作为朱元璋第十七子的宁献王朱权，亲身经历了这场血雨腥风的家族内部争斗。随着四哥朱棣最终战胜侄儿朱允炆战争的结束，使朱权深深感到：贪欲是人生的祸源。一味地追求名誉，必然身遭困辱。"为者败之，执者失之。"一味地追求富贵，必然身遭危险。因此，只有知足而无求，才不致困辱；只有知止而不为，才不致危险，方可全生永年。正可谓"知足不辱，知止不殆，可以长久"。

悟出了此番道理，朱权对于一切事物都想得很开了。

明成祖夺得帝位后，虽然恢复了一些藩王的职位，可却解除了所有藩王的兵权，这引起了许多藩王的不满。可朱权对此却看得很淡，他常常劝阻诸位兄弟，不要把一切身外之物看得过重，否则于养性修身是不利的。

朱权的所作所为可谓是完全理解了"名与身孰亲？身与货孰多？得与亡孰病？"的含义。

本着这样的一个处世哲学，朱权把精力投入到了养生的研究上去。经多年研究，他得出了：人之养生，要根据不同的年龄，选择不同的方法。养生乃以不损为延命之术，以有补为卫生之经。老年人，要特别注意调养，千万不要损精、耗气、伤神。他集多年的研究，写了养生治病的著作《活人心法》。此书后来传到了朝鲜，深受朝鲜民众的欢迎。

朱权不仅对养生很有研究，其他爱好也很广泛。朱权身为皇子，喜好戏曲，经常和戏剧名流同台演出。梨园之乐，菊圃之欢，使他心旷神怡。他还是明代有名的古琴家，他弹的曲子壮如高山流水，细如春雨绵绵。他经常自弹自唱，悠闲自得，其乐无穷。

◎故事感悟

人若有贪欲，必然心神不宁。朱权以王爷之尊取"知足常乐"的态度，可谓得修身之道了。这里也传扬了知足者长乐的思想，其积极与消极意义是显而易见的。我们今天应辩证地看待这个问题。

◎史海撷英

朱权多才

朱权是明代著名的道教学者，自幼多才多艺，熟读经子、九流、星历、医卜、黄老诸术，且戏曲、历史方面的著述颇丰，著有《汉唐秘史》等书数十种，堪称戏曲理论家和剧作家，所作杂剧据载有12种，现存有《大罗天》、《私奔相如》两种。作品和论著多表现道教思想。

朱权善古琴，编有古琴曲集《神奇秘谱》和北曲谱及评论专著《太和正音谱》。所制作的"中和"琴，号"飞瀑连珠"，是历史上有所记载的旷世宝琴，被称为明代第一琴。明代有"四王琴"之说，按其顺序和年代的排列为：宁、衡、益、潞。"飞瀑连珠"传世仅一张，制琴人署"云庵道人"。

◎文苑拾萃

送天师

（明）朱权

霜落芝城柳影疏，殷勤送客出鄱湖。

黄金甲锁雷霆印，红锦韬缠日月符。

天上晓行骑只鹤，人间夜宿解双凫。

匆匆归到神仙府，为问蟠桃熟也无。

李光地理服强盗

◎事莫明于有效，论莫定于有证。——王充

李光地（1642—1718年），字晋卿，号厚庵，别号榕村，泉州安溪湖头人。开漳先锋，辅胜将军李伯瑶之后。其祖系漳州市芗城区浦南镇渡东村人。清康熙九年（1670年）中进士，进翰林，累官至文渊阁大学士兼吏部尚书。他为官期间，政绩显著，贡献巨大，康熙帝曾三次授予御匾，表彰其功。明末以来，战争频仍，民族矛盾尖锐，朝政腐败，水利失修，水患频繁。至康熙亲政，把"平三藩"、整治河务和漕运列为首先办理的大事。

清康熙年间，有一个活跃于政界和学术界的人物，名叫李光地。他为清廷出谋划策，平定耿精忠叛乱，收复台湾，是一个出色的谋略家。

李光地自幼便机敏过人，9岁时曾不幸落入绿林大盗之手。但他既能机智应变，又不屈不挠，最后竟说服对手，安全地返回家中。

当时，李氏一门聚族而居，人丁兴旺，家族中在外为官者不少，人们都说李家"风水"好。附近山里有一个姓李的绿林首领，绰号"李大头"，手下聚有百把人。他看中了李家这块"风水宝地"，便一心想据为己有。

有一天清晨，人们还在睡梦中，李大头便率领一批兵丁杀气腾腾地占领了李氏祠堂。李氏一族被这突如其来的变故吓蒙了，一时都不知如何是好。族长马上召集族中的成年人，在祠堂外的空地上商量对策，李光地也跟随父亲来到这里。

李大头一眼便看到了眉清目秀、资质聪颖的李光地，心里突然冒出了一个奇特的想法：自己的儿子已经8岁了，总不能接自己的班做强盗啊，应该让他去读书。如果能让眼前这个孩子去与自己的儿子作伴读书，该有多好啊。于是，他头脑一转，起了要把李光地收为养子的念头。李大头打开祠堂大门，指着李光地大声喊道："喂，你过来！"

李氏一族人吓得大气都不敢出，李父更是紧紧地搂住儿子。李光地推开父亲的手，镇定自若地走进祠堂。

李大头见他来了，心里一阵高兴，马上派人传出话说："一笔难写两个李字，你们如果同意把小孩送给我做儿子，我带着他远走高飞，从此，我们便井水不犯河水。如果敬酒不吃吃罚酒，就莫怪我李某人不客气了。"

李父抬起头，目光中带着爱怜与无奈，说："问问孩子吧！"

此情此景被站在祠堂门口的李光地看得一清二楚，于是，他从容不迫地高声对父亲说："父亲，一切听天由命，您就答应了吧！"为了保全家族，李父权衡再三，只好点头答应了。

这天，李大头对李光地说："我们已是父子关系了，平时就要以父子相称。"他见李光地没有答应，便狠狠地瞪了李光地一眼说："你听到了没有？"

李光地撇撇嘴说："你不是我的父亲，我如何能喊你为父亲呢？"

李大头勃然大怒："在认养仪式上，不是已经行过大礼了吗？"

李光地接口说："那是我遵从父命，并非出自本意。"

"我看你在耍滑头、嘴硬！"说着，李大头劈头就是重重的一巴掌，直打得李光地嘴鼻流血。李大头又把李光地关了两天，李光地还是不肯屈从。

盛怒之下的李大头想了个坏主意，他命人把李光地关进一间空屋，把门窗关死，用灯向里熏，声称如果李光地不讨饶，就将他熏死。倔强的李光地始终不讨饶，被烟熏了一天一夜。李大头估计李光地必死无疑，命人打开门看看。谁知房门打开，浓烟散去之后，李光地揉了揉眼睛，却摇摇晃晃地站了起来，这真是奇迹！李大头惊得一时说不出话来。原来，精明的李光地发现靠门边的地面要低一些，门下也有缝隙，就趴在地上，用嘴巴靠着门边缝隙缓缓地呼吸。烟轻向上跑，地面烟雾浓度低，缝隙外又能换气，因而李光地能在满屋浓烟中幸存下来。

李大头心想：吉人自有天相，这小东西神态不凡，一定是有菩萨保佑，不知不觉中态度软化下来了。

李光地说话了："上天保佑，我命不该绝！你知道'黄雀捕蝉，螳螂在后'这句话吗？"

"此话怎讲？"李大头心里一悸。

"法网恢恢，疏而不漏，朝廷的军队肯定要对你们撒下天罗地网，我看你是'秋后的蚂蚱，蹦不了几天了'。你想想看，自古哪有不败的绿林人？"李光地看了看陷入沉思的李大头，接着说："官军要是抓住你，你一家人的性命就要保不住了，你的儿子也不能幸免。我死了，我还有几个弟弟，我们李家还会一代一代地延续下去。你的儿子一死，你家的后代就断了，所以，我劝你要赶快另打主意！"

李光地的一番话，说得李大头动了心。李大头与妻子商议后，妻子说："这小孩命硬，将来肯定会大富大贵。我们已是过了半辈子的人了，该为我们的儿子想想后路了。我们过了半辈子提心吊胆的日子，眼看儿子渐渐懂事了，难道还要让他继续过这种日子？我看不如把李光地送回去，把我们的儿子也托付给他家。保全了儿子，就延续了我们李家的香火，万一我们有个不测，也不必担心什么。"

妻子的话正合李大头的心意。于是，他派人请来李光地的父亲，然后将两个小孩都交给他带回。

李光地依靠自己的机敏和倔强，奇迹般地保全了自己的性命，离开虎口，平安地回到了家中。

◎故事感悟

一个9岁的孩子，在大祸临头之际，居然能机智勇敢地用大道理说服强盗，真是不简单！危险来临之时，绝对不要惧怕，越是害怕，危险似乎也就越让你觉得危险和可怕。相反忍住内心的恐惧，大胆面对，以理服人，战胜危险，才是最应该做的。

◎史海撷英

李光地治漳河

康熙三十七年（1698年）十一月，康熙帝命李光地为直隶巡抚。就任才三个月，康熙帝便面谕李光地，让他亲自踏勘漳河和滹沱河（子牙河水系包括漳河、滹沱河和滏河），并上奏治理方案。李光地得旨后，立即行动，于次年四月上呈了周详的治理漳河的方案。康熙帝看了后，表示赞同，并迅速下旨施行。

秋后，李光地批示两岸州县官府，组织民众疏浚河道，使漳、滹两河由馆阁流入大运河，又开通单家桥处的老漳民子牙河的支流。前后只用10个月的时间，子牙河工程便告竣。康熙帝亲临巡视，十分满意，特御赐李光地《子牙河诗》。

◎文苑拾萃

和京江相国西郊偕行原韵

（清）李光地

长信晓钟稀，白露涂寒楚。

百执起居罢，归蹄乱禾黍。

裴公未绿野，即辰欢啸侣。

池荷明夏残，河杨结风绪。

谁忝京洛行，追陪惭马吕。

提拂念衾裯，倾输忘龃龉。

席地醉香醪，从庖纷菜茹。

亮节当朝钦，高标暇日举。

芳音难属和，循诵祇含咀。

林则徐以静制怒

◎不羡黄金罍，不羡白玉杯，不羡朝入省，不羡暮登台，千羡
万羡西江水，曾向竟陵城下来。——陆羽

林则徐（1785—1850年），字少穆，唐朝莆田望族九牧林后裔，清朝籍贯福建侯官。林则徐是中国近代"睁眼看世界的第一人"，伟大的爱国主义者。

林则徐被道光皇帝任命为钦差大臣后，便抱着赴汤蹈火、置祸福荣辱于度外的决心，离京南下，去进行他一生中最重要的、也是中国近代史上最光辉的抗英禁烟事业。

林则徐几乎背下了道光皇帝的诏书：谕内阁，湖广总督兼兵部尚书衔林则徐，著颁给钦差大臣关防，驰驿前往广东，查办海口事件，所有该省水师兼归节制，钦此。

离京前夕，林则徐去拜别座师沈维矫。沈维矫十分替他的前途担忧，说："你前往广东，责任重大。你的清廉、刚正、勤快、认真，我都放心。你会一往无前，不怕刀山火海，这我相信。可是……"

老师说到这儿，停了下来。林则徐望着老师，希望听老师再多说些提醒与教导的话。

老师似乎明白了学生的意思。他接着讲："可是，你知道，你的上下左右是很复杂的，人心隔肚皮，谁知哪天刮什么风？"

林则徐点点头。

沈老师又说："遇事不要急，要深思熟虑。不要鲁莽，不要急躁，要一步一个脚印，稳扎稳打。"

林则徐点头说："是，我记住了。面对着前边与背后都可能射来的利箭，务必沉着，不可急躁，我记住了。"

沈老师留林则徐用餐。林则徐说："老师的心意我领了，老师放心，只要有利于国家，我一定竭尽全力，不让老师蒙受耻辱！"

林则徐到达广州后，书写一条幅挂在墙上，那条幅上写着两个运笔刚健的字：制怒。

每当急躁时，每当遇到挫折时，每当要发火时，林则徐只要抬头看一看这条幅，马上就改变了心态，冷静地去处理问题。

◎故事感悟

每个人都有喜怒哀乐，但很少有人能够控制自己而不失去理智。人一旦失去理智，就容易造成严重的后果。所以，让我们向林则徐学习，用"制怒"使自己在生气时冷静下来。

◎史海撷英

林则徐保卫西北边疆

道光二十一年（1841年）十一月初九，林则徐被流放到新疆。林则徐不顾年高体衰，从伊犁到新疆各地"西域遍行三万里"，实地勘察了南疆八个城，从而加深了对西北边防重要性的认识。

林则徐在所译的资料中发现了沙俄对中国的威胁，这促成了他抗英防俄的国防思想，成为近代"防塞论"的先驱。于是，林则徐明确地向伊犁将军布彦泰提出"屯田耕战"，有备无患。他还领导群众兴修水利，推广坎儿井和纺车。为纪念他的业绩，人们称其为"林公井"、"林公车"。

根据自己多年在新疆的考察，结合当时沙俄胁迫清廷开放伊犁，林则徐还指出了沙俄威胁的严重性，临终时尚告诫："终为中国患者，其俄罗斯乎！"林则徐的远见卓识，已被后来的历史所证实。

《赴戍登程口占示家人》七律二首

林则徐

其一

出门一笑莫心哀，浩荡襟怀到处开。

时事难从无过立，达官非自有生来。

风涛回首空三岛，尘壤从头数九垓。

休信儿童轻薄语，嗤他赵老送灯台。

其二

力微任重久神疲，再竭衰庸定不支。

苟利国家生死以，岂因祸福避趋之。

谪居正是君恩厚，养拙刚于戍卒宜。

戏与山妻谈故事，试吟断送老头皮。

ZHONGHUACHUANTONGMEIDEBAIZIJING

中华传统美德百字经

理·以理导欲

第三篇

寓理于行行有则

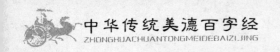

子产行有度

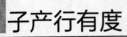
◎行于所当行，止于所不可不止。——苏轼

国侨（？—前522年），姬姓，国氏，名侨，字子产。春秋时期郑国（今河南新郑）人，著名的政治家和思想家。国侨是郑穆公之孙，公子发之子，所以又称公孙侨。公子发字子国，其后以"国"为氏。

子产是春秋时期郑国著名的政治家。他出身贵族之家，是郑穆公的孙子，公子姬发的儿子。他的封地在东里（今郑州管城区东大街一带），因此也称东里子产。

子产从郑简公二十三年（公元前543年）开始，先后执政二十余年，为郑国的社会稳定和生产发展作出了杰出贡献。

子产执政的许多故事，至今还广为流传。在很多方面，都表现出他有志移风易俗、改变国家现状的精神。

有一天，有人向子产汇报，说近来人们常在乡校议论朝政得失。郑大夫然明担心这会惑乱民心，便建议毁掉乡校。

子产不同意，说："人们忙了一天，忙完了到那里相聚游玩，议论朝政得失，这有什么不好？他们认为好的，我们就推行；他们讨厌的，我们就改正。他们是我们的老师，为什么要毁掉乡校呢？我听说尽力做好事，可以减少怨恨，没听说依仗权威能防止怨言的。靠权威制止议论不难，但那就像堵塞河流一样，一旦洪水决口，伤害的人必然更多，将无法挽救。不如开个小口子加以疏导，听取他们的议论并把它当做治病的良药。"

然明听了这番议论，心悦诚服地说："我现在才知道你可以成大事。"

不毁乡校，广开言路，在社会上兴起了一股开放议政的风气。由此可知，子产的思想超出同辈人，敢于大胆地移风易俗。

子产根据人们的愿望，在郑国推行了一系列改革：

其一，改革田制，按田亩数量征税，以促进社会生产的发展。

其二，改革军赋，向新的土地所有者征收军赋，包括车马、甲盾、徒兵等，以增强国防实力。

其三，铸造刑鼎，就是把新颁布的法律条文铸在青铜大鼎上，公布于众，让全国上下一律遵行，以限制贵族的特权和不法行为，保护百姓的利益。过去法律条文是保密的，如今铸于鼎上，能使人知法守法。这一做法不仅是子产法制思想的闪光，还显示出他前无古人的政治家气魄，同时增加了社会的透明度，也是一次重大的普法宣传和法制教育。

这些改革使郑国风俗大变，三年后，郑国夜不闭户，路不拾遗了。

子产常说："天道远，人道迩，非所及也。"这也就是说天和人没什么内在的必然联系，不要硬扯在一起。治国应注重人的因素，不要迷信天道。祭天求神，不如修德。

公元前525年，鲁、郑等国上空出现彗星，喜欢卖弄巫术的裨灶推测说："宋、卫、陈、郑四国将要同时发生火灾了。"他请子产用璀玙玉瓒祭神，以禳除火灾。子产没理他。后来，宋、卫、陈、郑四国真的发生大火了。

裨灶便放出话说："不采纳我的建议，终于出事了吧？如不按我说的办，郑国还要发生火灾的。"

郑国人很害怕，恳求子产听从裨灶的话，子产还是不同意。他说："天道远，人道迩，非所及也。"见来恳求的人越来越多，子产耐心地解释说："裨灶这种人无非是喜欢预言，说得多了，可能偶尔会说准一两次。他懂什么天道？天是天，人是人，互不相干，天和人怎能联系在一起呢？"

结果，郑国再也未发生火灾。子产破除迷信，为移风易俗做了榜样、带了头。

有一年，郑国发大水，风传城外洧渊里有两条龙在争斗，国人请求举行

大祭，以禳灾祈福。

子产说："没这个必要！我们人打仗时，龙不闻不问；现在龙打架了，我们何必操心呢？况且龙本来就住在水里，怎能赶走它们呢？我们无求于龙，龙也无求于我们，大家不要为这件事费神了。"

结果，什么事也未发生。

子产思想超前，为移风易俗起了巨大的推动作用。

子产执政二十余年，政绩优异，内外交誉，但他从不居功自傲。子产仁惠爱人，公私分明，为官廉洁，家风清正。子产死时，家无余财，儿子无法安葬他。国人纷纷献金助葬，他的儿子不肯接受。

后来，子产的儿子亲自背土，将子产埋葬在邙山之上。这样，子产父子又以实际行动打破了厚葬的风俗习惯。

孔子十分崇拜子产，《论语》里记载了孔子称赞子产的话："有君子之道四焉：其行己也恭，其事上也敬，其养民也惠，其使民也义。"

◎故事感悟

伟大史学家司马迁对子产佩服得五体投地。他曾说，如果子产现在还活着，我愿意为他执鞭随镫。这是对敬佩之人的崇拜之心。可想，司马迁与子产定当都是那种行有准则之人，他们对于自己坚持的"真理"从不轻易改变。

◎史海撷英

子产治国

在治国过程中，子产十分注意策略。他一方面照顾地主贵族的利益，团结依靠多数；一方面又对个别贪暴过度的贵族断然给以惩处，以维护政府威信。他不毁乡校，允许国人议论政事，并愿从中吸取有益建议。而对自认为有利于国家的改革，他不顾舆论反对，强制推行。

对于晋、楚两霸，子产既遵照传统礼制谨慎奉事，不给对方任何寻衅的借口，又在有条件时大胆抗争，驳斥他们的无理苛求。他宣称"天道远，人道迩，非所及也，何以知之"，反对迷信鬼神星象，却又承认贵族横死能为厉鬼，而要将其子孙立为大夫加以安抚。

子产被孔子称为仁人、惠人，是守旧的士大夫们所景仰的人物，但却又"铸刑书"，公布成文法典，执行严格统制人民的"猛政"，创立加重剥削的"田洫"、"丘赋"等新制以"救世"。这说明，子产是一位务实的政治家，虽然力图维护传统的旧制，却不能不适应形势的变化而从事必要的改革。子产曾指出："众怒难犯，专欲难成"，"求逞于人不可，与人同欲尽济"。也就是说，治国必须要照顾多数人的愿望和要求，一意孤行是不能成功的。他又说："政如农功，日夜思之，思其始而成其终。朝夕而行之，行无越思，如农之有畔，其过鲜矣。"也就是做事应胸有成竹，执行中要坚持既定规划而不轻易越轨。他还注意搜罗人才，用其所长，并能广泛听取建议，择善而从。

子产刚刚执政时，改革措施也曾遭到广泛斥责，但他始终不为所动，坚决推行。其后改革成效显著，人们又普遍歌颂他的政绩，甚至担心其后继乏人。

◎文苑拾萃

郑州怀古

（明）林厚

乾坤此日正清宁，吊古无劳感客情。

秦汉权舆开县治，隋唐沿革立州名。

荒城曾说监殷士，隧道无由见寤生。

隐隐梅山遥接密，滔滔泲水远连京。

南陵松柏围周寝，东郭桑麻接祭城。

泮水丰碑犹峙立，禅林僧塔半欹倾。

昔闻晋楚争要领，今喜华夷乐太平。

几度观风巡境内，棠阴处处颂歌声。

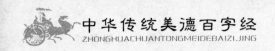
智伯贪心遭灭亡

◎理智要比心灵为高。——高尔基

> 荀瑶（？—前453年），即知襄子，又称知瑶（智瑶），后世多称知伯（智伯）、知伯瑶（智伯瑶）。由于智氏出于荀氏，故《左传》又称之荀瑶。姬姓，知（智）氏。中国春秋时期晋国卿大夫，智氏家族领主。他于公元前475年成为晋国执政，此后欲灭同列卿位的赵、魏、韩三家并取代晋国，乃威胁魏、韩二家于公元前455年共同对赵氏发动晋阳之战。此后赵襄子派人向魏、韩陈说利害，魏、韩因而与赵氏联合反攻智氏，智伯被赵襄子擒杀，智氏就此衰落。

春秋末年，晋国有一个当权的贵族，名叫智伯。他名字虽然叫智伯，但其实一点儿也不聪明，相反，却是个蛮横不讲理、贪得无厌的人。他自己本来有一块很大的封地，可还是嫌不够。有一次，他竟然平白无故地向魏宣子索要土地。

魏宣子也是晋国的一个贵族，他很讨厌智伯的这种行为，不肯给他土地。他有一个名叫任章的臣子，很有心计，便对魏宣子建议说："您不如给智伯土地。"

魏宣子不理解，问："我凭什么要白白地送给他土地呢？"

任章说："他无理求地，一定会引起邻国的恐惧，邻国都会讨厌他；他如此利欲熏心，一定会不知满足，到处伸手，这样便会引起整个天下的忧虑。您给了他土地，他就会更加骄横起来，以为别人都怕他，他也就更加轻视他的对手，而更肆无忌惮地骚扰别人。那么他的邻国就会因为害怕他、讨厌他而联合起来对付他，那他便不能这样长久下去了。"

任章说到这里，顿了一下，见魏宣子点头称是，似有所悟，便又接着说："《周书》上说，'将要打败他，一定要暂且给他一点帮助；将要夺取他，一定要暂且给他一点甜头'，就是说的这个道理。所以，您还不如给他一点土地，让他更骄横起来。再说，您现在不给他土地，他就会把您当作他的靶子，向您发动进攻。您还不如让天下人都与他为敌，他便成了众矢之的。"

魏宣子非常高兴，马上改变了主意，割让了一大块土地给智伯。

智伯尝到了不战而获、不劳而获的甜头，接下来便伸手向赵国要土地。赵国不答应，他便派兵围困晋阳，把赵国包围了。这时，韩、魏联合，趁机从外面打进去，赵在里面接应，里应外合，内外夹攻，智伯便灭亡了，果然如任章所料。

◎故事感悟

任章看透了智伯的为人行事，预测出了如果一个人眼中只有一己私利，不顾国家、百姓的利益，只盯在钱、权上，遇事贪欲过重，就会被人利用这一弱点打败。忍贪是明智的表现。贪欲不忍，给自己带来的后果是很可怕的。

◎史海撷英

智瑶破夙繇国

古代的中山国，有一个名叫夙繇的属国，成了智瑶的预定攻击目标，只是苦于道路崎岖，不好行军。不过，这是难不倒智瑶的。经过一番思考，智瑶命人在晋国为夙繇铸造了一口大钟，钟的口径专门设计的有一辆战车的两轨那么宽。

钟铸好后，智瑶便请夙繇国的国君派人来取，夙繇命人开路取钟。结果此路一修通，智瑶便率领晋军攻破夙繇国，夙繇灭亡，智瑶并其地而有之。

◎文苑拾萃

春秋战国门·智伯

（唐）周昙

三国连兵敌就擒，晋阳城下碧波深。

风涛撼处看沈赵，舟楫不从翻自沈。

晏婴反对迷信与奢侈

◎热极生风，穷极思变。——程颐

晏婴（公元前578—前500年），字仲，谥平，习惯上多称平仲，又称晏子，夷维人（今山东莱州）。春秋后期一位重要的政治家、思想家、外交家。晏婴是齐国上大夫晏弱之子。以生活节俭，谦恭下士著称。据说晏婴身材不高，其貌不扬。齐灵公二十六年（公元前556年）因父亲晏弱病死，晏婴继任为上大夫。

晏婴是春秋时期齐国夷维（今山东高密县）人，字仲，谥号是平，故后人也称他晏平仲。

晏婴是春秋时期著名的政治家，齐国名相。齐灵公、庄公、景公三朝，他都在齐国做官，称得上是"三朝元老"。

晏婴身材矮小，高不满六尺，貌不出众，但足智多谋，刚正不阿，廉洁淳朴，反对迷信，为齐国强盛作出了巨大贡献。

齐景公三十二年（公元前516年），齐国天空出现了彗星。按照当时的说法，彗星出现是灾祸的象征。齐景公马上要使人祭祀禳灭。

晏婴听说后，对齐景公说："假如国君有德政，还怕什么彗星？反之，如果国君像桀、纣一样暴虐失德，即使祈祷又有什么用？"

齐景公一听，觉得晏婴所言极是。

当时，迷信之风盛行，晏婴反对迷信，为人们树立了光辉的榜样，在移风易俗中起到了不可低估的作用。

晏婴生活的时代，正是春秋时期相对稳定的时代。因为各诸侯国之间没

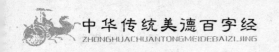

有大规模的连年战争，所以各国国君追求奢侈豪华生活之风得以盛行，而齐景公奢侈尤甚。

齐景公昏庸无能，内好声色，外好犬马，赋敛无度，危机四伏，大厦将倾。晏婴意识到纠正奢侈之风对于国家的重要性，力劝当政者改变腐化堕落的生活方式，强调衣食住行达到温饱舒适即可，没有必要过于奢华。

晏婴一件狐裘穿了30年，齐景公赐他新衣，他坚决不肯接受。

晏婴的相府靠近闹市，又吵又窄。齐景公要为他修造幽静宽敞的相府，晏婴回绝说："我的先人久居此处，我若因不满足而舍弃它，未免过于奢侈，愧对祖先。况且这里靠近市场，既便利，又能熟悉民间情况。"

晏婴上朝总是坐辆破车，驾着驽马。齐景公派人送他新车骏马，连送三次，他都未肯接受。齐景公心中不悦，问："爱卿为何不收寡人所赐的车马啊？"晏婴回答说："主公让我统辖百官，我要求他们节衣缩食，减轻齐国百姓负担。如果我带头过上奢侈的生活，则上行下效，歪风就难以禁止了。"

有一次，齐景公到相府饮酒，见晏婴的妻子又老又丑，便想把年少貌美的爱女嫁给晏婴为妻，晏婴谢绝说："我与妻子生活多年，不能忘掉她年轻时的如花美貌。人在壮年时会想到老年，在年轻貌美时会想到衰老丑陋。我妻子当年想到了这一点，曾劝我不要因为她有朝一日年老变丑而抛弃她，我答应了。因此，今天决不能食言。"

齐景公趁晏婴出使邻国之际，为他偷偷建了一座新相府，将附近百姓都撵走了。

晏婴回国后，见新相府雕梁画栋，拒绝入住。最后，他还是恢复了旧宅模样，又把周围的百姓都请了回来。齐景公见了，也无可奈何，只能摇头叹气而已。他知道晏婴心中只有国家，从不为自己考虑。

◎故事感悟

晏婴的言行举止，对于遏止和改变不良风气起到了积极作用。晏婴身为齐相，地位高，权力大，却能始终俭朴，不慕奢华，并对奢侈之风进行抨击。这在春秋时期的尚俭思潮中，具有典型性和代表性。晏婴的尚俭精神在春秋时代的尚俭思潮中占有很重要的地位，并对其后的历代尚俭思想产生了巨大的影响，逐渐演变成为中华民族的优良传统。

◎史海撷英

齐景公争霸

公元前526年，齐景公经过精心的准备和谋划，选中了徐国作为进攻的目标，借以炫耀自己的力量。然而，这次进攻的结果却使齐景公大喜过望。当齐国大军刚至蒲隧（今安徽泗县），还未进入徐国境内时，徐国就遣使求和。距离徐国较近的郯、莒二国深怕徐国降服后，齐兵会转而攻击自己，所以也赶紧派使者表示臣服。齐、徐、郯、莒四国首脑在蒲隧结盟。这次蒲隧之盟，晋国方面没有任何反应。

齐景公对形势估计准确，对时机把握恰当，挑战晋国的耐力与霸主的权威，表明了齐景公与晋国争夺霸主的初步胜利。这一年，晋国的晋昭公夭折，幼子晋顷公即位，使得晋国六卿的向心力进一步减弱。事实的发展也确是如此。从此之后，齐景公愈加放心大胆地干预起别国的事务来，真正行使起了盟主才能行使的权力，真正做起盟主才能做的事情来了。

◎文苑拾萃

梁甫吟

（三国）诸葛亮

步出齐城门，遥望荡阴里。

里中有三坟，累累正相似。

问是谁家墓？田疆古冶子。

力能排南山，文能绝地行。

一朝被谗言，二桃杀三士。

谁能为此谋，相国齐晏子。

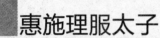

惠施理服太子

◎寓教于乐晓理于行。——格言

惠施（公元前390—前317年），宋国（今河南商丘市）人，战国时政治家、辩客和哲学家，是名家的代表人物，人称惠子。惠施虽是宋国人，但他最主要的行政地区是魏国（今河南开封市），惠施是合纵抗秦的最主要组织人和支持者。他主张魏国、齐国和楚国联合起来对抗秦国，并建议尊齐为王。

战国时期，魏惠王后元十六年，惠王死去，即将继位的襄王以太子的身份主持丧礼。不料在即将按规定日期下葬的时候，突降大雪。积雪很快高达三四尺，国都大梁的内城和外城都有不少地方崩塌了。惠王的陵墓选在北部山区，送葬队伍要经过狭窄陡峭的栈道，十分危险。大臣们纷纷向太子建议推迟下葬的日期，他们说："这么大的雨雪，如果按期下葬，必定劳民伤财，损失太大，国家恐怕也担负不了这样的开支，应以改期为好。"

太子坚持原定的计划，不肯改期。他认为，做儿子的必须谨守传统的礼仪，恪尽孝道，不能因为雪大和费用而破坏礼仪，这样做是不符合原则的。太子的态度十分强硬，毫不让步。

公孙衍，号犀首，魏国阴晋（今陕西华阴东）人。魏惠王后元十二年，他曾经发起燕、赵、中山、韩、魏等五国诸侯联盟，被尊为王，以后被惠王任命为相，在魏国有很高的威望。这时，他也正在为怎样说服太子修改葬期焦虑，只是总想不出一个好办法。

众大臣来见公孙衍，讲明来意。公孙衍支持大家的意见，他说："我不是不出面，而是一直想不出一个好办法能够说服太子。这样吧，我建议你们去找惠施，他也许有办法。"

大家看到连公孙相国都没有把握能说服太子，觉得这事确实很困难。抱着最后一试的侥幸心理，大家驱车到这位已经退了休的相国家里。

惠施出生于宋国，是战国时著名的哲学家，精于辩论，巧于思考，曾随同魏惠王出使过齐国，使魏、齐互尊为王，回国后担任过魏相。大臣们来后，向他转达了公孙衍的意见，请惠施劝太子不要固执己见，使国家人民遭受损害。惠施爽快地接受了大家的要求。

惠施进入宫廷，望见四处白幡飘扬，又触动了对旧日君主惠王的思念，感到自己今天为减少国家和人民的损害来见太子，说服他修改葬期，这是对死去惠王应尽的责任，精神不禁为之一振。惠施紧赶几步，走入内宫，拜见太子。惠施以悲痛与无限关注的口吻询问太子说："下葬的日子定了吗？"

"定了！"

惠施接着慨叹地说："过去周文王把父亲季压葬在雩县的南山脚下，不料，弯水冲刷了墓地，使棺椁的前头露了出来，大家都很惊慌。"文王却另有所悟地说："嘻！这是先君还想见一见他的臣属和子民，所以让弯水把他的棺头冲刷出来。文王于是把父亲的棺椁挖出来，重新设在灵帐里让大家朝拜，三天后改葬在另外的地方。这就是文王处理事情的方法啊！"

"文王真是一位有头脑、有办法的人物哩！"太子赞佩地说。

惠施感到太子的思路已有可能向自己的方面靠拢，随即靠近正题说："现在我们先王下葬的日期已经定了，无奈雪太大，积雪这样厚，难以行走。太子殿下坚持不更改原定的日期，是不是略为性急了一点呢？我的意见是最好更改一下日期。因为我觉得这是先王有意要在地面上多停留几天，看看他的江山社稷和众多的臣民，所以使雪下得这么急、这么大。由此而推迟一下时日，让先王的意愿能够实现，这正是当年周文王的做法啊。太子如果不这样做，难道是不佩服周文王了吗？"

太子听了，连连点头说："好，好！我一定领会先王的意愿，推迟下葬，等雪化后，再重新选定日期。"

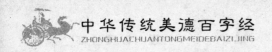

◎故事感悟

惠施与太子，一个善于说服，一个深明大义，不再固执己见，故而才能改变丧期，减少国家的负担和人民的疾苦。作为统治者，很重要的一点是忍住刚愎自用的毛病，多听听臣子们的意见，那样将有利于自己的统治。

◎史海撷英

庄子与惠子

庄子和惠子在濠水的桥上游玩。

庄子说："小白鱼在河里悠闲地游着，这是鱼的快乐啊！"

惠子问："你不是鱼，怎么知道鱼是快乐的？"

庄子回说："你不是我，怎么知道我不晓得鱼的快乐。"

惠子辩说："我不是你，固然不知道你；准此而推，你既然不是鱼，那么，你不知道鱼的快乐，是很明显的了。"

庄子回说："请把话题从头说起吧！你说：'你怎么知道鱼是快乐的'云云，就是你知道了我的意思而问我，那么我在濠水的桥上也就能知道鱼的快乐了。"

◎文苑拾萃

偶书

（宋）王安石

惠施说万物，盘特忘一句。

寄语读书人，呶呶非胜处。

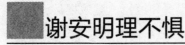

谢安明理不惧

◎行有则，方能正直。——林则徐

> 谢安（320—385年），字安石，号东山，东晋政治家、军事家。汉族。浙江绍兴人，祖籍陈郡阳夏（今中国河南省太康）。历任吴兴太守、侍中兼吏部尚书兼中护军、尚书仆射兼领吏部加后将军、扬州刺史兼中书监兼录尚书事、都督五州、幽州之燕国诸军事兼假节、太保兼都督十五州军事兼卫将军等职，死后追封太傅兼庐陵郡公。世称谢太傅、谢安石、谢相、谢公。

有一次，谢安与孙绰等人一起划船在海上游玩。正当他们玩得高兴时，海风突然推着海浪阵阵翻涌，游船在风浪中颠簸不定。大家都害怕起来，只有谢安镇定自若，照常吟诗唱歌。船老板看到谢安这样胆大无畏，心里十分高兴，便继续划船。

不一会儿，风浪更急了，大家也都更加紧张。这时，谢安不慌不忙地对船工说："这样划下去，从哪里上岸呢？"船工说："只能从原地上岸。"于是，船工才划船返回。大家都很佩服谢安的胆量。

谢安临危不惧的气概，不仅体现在自然风浪之中，在政治风浪中也是这样。

晋文帝去世后，宰相桓温想推翻晋室，争夺王权，觉得谢安和王坦之都是绊脚石。在新亭他的官邸，他叫谢安和王坦之到他那里去见见面，想埋下伏兵在宴会中杀害他们。王坦之害怕得要命，就问谢安："怎么办呢？"

谢安神色自然，毫不畏惧，十分镇定地说："晋朝的存亡，就在于我们这

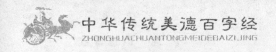
次去还是不去了！"

到了桓温府上，见面之后，王坦之吓得胆战心惊，汗流浃背，双手直打哆嗦，而谢安却十分镇静地到了厅堂，从容自在地坐上席位，对桓温说："我听说作为王室的护卫，各地的大将都有自己的职责和道德，应该把兵力部署在边境上严守疆土，建功立业，没想到您怎么从墙壁后面向别人捅刀子呢？"

桓温笑着回答说："没办法，我现在不得不这样啊！"

接着，谢安与桓温在轻松的气氛中谈了很长时间，桓温最后不得不放弃了自己谋反篡权的意图。

当初，王坦之与谢安都很有名，通过这一件事，人们就分别出了他们之间的优劣。谢安这种"骤然临之而不惊"的大丈夫气概，也被后人所赞赏。

◎故事感悟

谢安能够临危不乱，遇事不慌，表现出大家气度和风范。同样，他在官场和政治斗争中也会一如既往地镇定自若，面对一切威胁、利诱毫不动摇。所以人应该学会克制自己内心的欲望，忍受住利益的诱惑或驱使，正直地做人。

◎史海撷英

谢安无心出仕

谢安青年时期，曾以其名士风度而闻名。就在他流连于会稽山水的时候，也曾多次接到举荐信，请他出山做官。

第一次被邀请，是谢安年仅弱冠时。当时，扬州的刺史庾冰听到谢安的声名后，几次下郡县敦请逼迫他做自己的属下。在万不得已的情况下，谢安只好告别自己喜爱的家园乐土前去赴召。可是才过了一个多月，他便打道回府了。

另一次是在七年后，大将军桓温征伐蜀汉时，也很关注谢安的盛名，就上报朝廷，让谢安做他的司马。谢安这回更加干脆，以世道难行为缘由，婉言拒绝了桓温的好意。

◎ 文苑拾萃

兰亭诗二首

（东晋）谢安

其一

伊昔先子。有怀春游。

契兹言执。寄傲林丘。

森森连岭。茫茫原畴。

迥霄垂雾。凝泉散流。

其二

相与欣佳节，率尔同褰裳。

薄云罗阳景，微风翼轻航。

醇醪陶丹府，兀若游羲唐。

万殊混一理，安复觉彭殇。

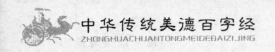

傅奕讲道理破迷信

◎思无域，行有则。——格言

> 傅奕（555—639年），唐相州邺（今河南安阳）人，唐初学者。精于天文历数，著名的反佛斗士。唐武德初，拜太史丞，迁太史令。进《刻漏新法》行于时。见于唐初典章制度，多沿隋旧。主张承乱世之后，多有变更。他最先向佛教展开斗争，有助于巩固儒学阵地，发展了无神论思想。其思想对后来韩愈等人反佛有很大的影响。

　　傅奕是我国隋唐时期著名的天文历法学家。唐高祖李渊和太宗李世民执政时为太史令，专门管理天文、气象、历法、算学等。他坚持唯物主义，反对宗教迷信思想。特别是对魏晋以来，历代帝王大兴佛寺，浪费民力，僧尼泛滥成灾，给人民带来莫大痛苦的情况，他非常憎恶，对此进行了无情的揭露和批判，并提出了很好的建议。这对唐太宗即位后的"贞观之治"起到了积极作用。

　　我国在东汉以前本没有佛教，是后来由阿拉伯地区传过来的。南北朝时开始大力发展，隋唐达到顶峰。

　　隋文帝杨坚小时候寄养在尼姑智仙的庵里，13岁才还家。以后北周武帝消灭佛教僧尼，智仙又隐藏在杨坚家。智仙说杨坚日后能当皇帝，必定重兴佛法。而杨坚自己也深信受过佛的保佑，所以当皇帝后大力提倡佛教。他鼓励百姓出家当僧尼，并要百姓按人口出钱来营造佛寺，塑造佛像。他组织人力，给京城和大城市的佛寺抄写佛经13万卷，还修旧经400部。由于他的提倡，民间流传的佛经就更多，比儒家的经典要多几十倍甚至几百倍。杨坚晚年排斥儒学，而使佛教在短期内竟成为国教。隋炀帝杨广继续大兴佛教，修旧佛经2.9万余部。当时全国僧尼多达十几万人，许多人与官府勾结，霸占良田，抢夺民女，逃避纳税，无恶不作，百姓对他们十分痛恨。

另一方面，南北朝以来，我国经历了两百多年的战乱，人口大大减少，唐朝的版图虽然比隋朝大不少，但总户数和人口却比隋朝少很多，这和佛教的兴盛是有关系的。有许多人家由于独生子女出家当尼姑、和尚而绝了户。

傅奕看到这个现象，心里很不平静。经过反复考虑，就于624年给唐高祖上了一封条陈，讲了自己对佛教的看法，说明兴佛教的害处。

傅奕说，许多僧尼并不是真的信仰佛教，只是削去头发，换一身服装，逃避租赋。这些人用妖书邪法"恐吓愚夫，诈欺庸品"，百姓受了骗，就虔诚地追悔自己过去犯了罪，而把所谓的幸福寄托在对未来的空想上。有些人竟然愚昧到这种程度：布施（给寺庙捐赠叫布施）一个铜板，希望收到一万倍的利益；持斋（吃素）一日，希望得到一百天的粮食；有人犯了法，在监狱诵佛经，昼夜不停，盼望佛帮他免罪。这一切都是得不到的。

在条陈的最后，傅奕感慨地说："自古以来，凡是忠诚提意见的人，很少不受害。南齐有一个大臣叫章仇子，他因为给皇帝上表揭露僧尼泛滥，寺塔太多，浪费钱财，损害国家，引起一些僧尼的仇视，便在宰相、后妃那里进谗言、说坏话，结果被砍脑袋。"傅奕说，他很羡慕章仇子的事迹，愿意步他的后尘。

不久，傅奕又写了十一首条陈，词语激昂，直言不讳。唐高祖把它交群臣讨论，遗憾的是只有太仆卿（掌管皇宫车马饲养的主官）张道源支持，认为提得合理，以中书令（相当于宰相）萧瑀为首的大臣起来反对。

萧瑀的高祖是南梁武帝萧衍，萧衍是我国历史上第一个最信佛的皇帝。他一当皇帝，就宣布佛教为国教。更可笑的是，他三次跑到寺里当和尚，每次都由大臣们捐钱才赎回来。

萧瑀本人也笃信佛教，经常按佛规苦修苦炼，所以当他看到傅奕的上疏，便情绪激昂地与对方辩论，他说："佛（指释迦牟尼）是个圣人，你的议论是对圣人的诬蔑，应当处以严刑。"

傅奕毫不示弱，针锋相对地反驳说："释迦不当王子，却跳下城墙，出家当和尚，是一个无父无母的人。萧瑀并不是生于荒郊野外，可是信仰无父之人创立的佛教。我听说，不孝的人是没有父母的，这正说的是萧瑀。"

傅奕把萧瑀驳得哑口无言，只好作了一个佛教徒的合掌手势，无可奈何地说："和你没有什么道理好讲，地狱正是为你这种人设的。"

唐高祖虽也迷信佛教，但是鉴于当时确有一些僧尼在干坏事，对此他也比较恼火，就采纳了傅奕的建议。他命令有关部门对全国的僧、尼、道士进行调查，凡是真正信仰佛教、道教，苦炼修行的，一律送到大寺院。对于那些借佛门、道观逃避租赋、劳役的，勒令返回家里，各守本分，从事劳动。并规定京师长安只留佛寺三所，道观两所，各州留寺、观各一所，其余的都毁掉。

唐太宗当皇帝后，有一次和傅奕讨论佛教问题。他认为佛教道理玄妙，释迦的行为也可以效法。傅奕却坚持自己的看法，讲了许多道理，说佛教通过玄妙言辞，掩盖它的虚幻本质，对百姓没有一点好处，对国家也损害极大，不能提倡。太宗知道说服不了傅奕，也就不再和他争论了。

傅奕对算卦、看风水这一套很有研究，但是一点也不相信。传说有一个自称从西域来的和尚，会念咒语，一念就能让人立刻死去，再一念还能把人苏醒过来。唐太宗把上述见闻告诉傅奕，傅奕说："这纯粹是邪术，我就不信，让他在我身上试一试，肯定不灵。"那个和尚对着傅奕念咒语，傅奕两眼怒视着和尚，念了几遍，傅奕没有任何感觉，和尚反而扑倒在地，像是有谁在他后脑勺上敲了一棒，再也没有苏醒过来。

639年，傅奕逝世，终年85岁。临终时，他仍然一再告诫儿子：不要相信佛教，而要学习老子、庄子的玄学，因为他们的思想有许多可取之处。傅奕不信鬼神，而且把生死置之度外。他一生有许多科学研究，写过《漏刻新法》，对古人的漏刻记时方法有过新的改进，很受当时人们的称颂。他注释过《老子》，还写了《音义》一书。特别是搜集了魏晋以来驳斥佛教的人和事，写了《高识传》十卷，在当时也很有影响。

◎故事感悟

迷信，是一种让人沉迷并丧失自己原则的观念。现在人普遍认为迷信是由于没有判别能力，对事物本质分辨不清，而对某些事物发生特殊的爱好，并确实相信，进而自相信至信仰，甚至到崇奉、毫不怀疑的地步。傅奕用自己的行动反对迷信，并斗争了一生，这种精神是可敬的。这更要求我们坚决地反对迷信和封建迷信，作为我们坚定不移的原则。

◎史海撷英

傅奕智破佛牙

唐朝初年，有一个从婆罗门（指古印度）来的和尚，撒谎说他得到一颗佛牙，非常坚硬，没有任何东西比它更硬。经和尚这么一宣扬，京城长安的名士女流们争先恐后地去看，热闹得简直像市场一样。

当时傅奕正生病卧床，他听了以后，对儿子说："这是和尚利用人们无知在进行欺骗。我听说有一种东西叫金刚石，比任何物质都硬，可是有一种东西能破它，你不妨去试一试。"于是下床找到一只羚羊角递给儿子。

他的儿子到和尚那里，见和尚又取出所谓的佛牙骗人，就拿出羚羊角去敲打，果然把那颗"佛牙"打碎了。围观的人纷纷责骂和尚骗人，那个和尚只好灰溜溜地走了。

◎文苑拾萃

咏傅奕

黄玉顺

唐初傅奕高识传，祖尊儒道斥佛禅。

刑德威福关人主，生死寿夭由自然。

魏征理服太宗

◎君子敬其在己者，而不慕其在天者。——康有为

魏征（580—643年），字玄成，汉族，唐巨鹿人（今河北邢台市巨鹿县人，又说河北晋州市或河北馆陶市）人，唐朝政治家。曾任谏议大夫、左光禄大夫，封郑国公，以直谏敢言著称，是中国史上最负盛名的谏臣之一。

有一天，唐太宗从容地问魏征："近来政治如何？"

魏征见太平日久，太宗思想有所懈怠，就回答说："陛下在贞观之初，引导臣下，使之进谏。三年以后，看到进谏的人就愉快地接受他的意见。最近一两年来，虽能勉强接受规谏，但心中毕竟不满意。"

唐太宗吃惊地说："您用什么事实证明这一点？"

魏征不慌不忙地答道："陛下刚即位时，曾判元律师死罪，孙伏伽进谏，认为按照法律不当处死，陛下就把兰陵公主的园地赏给他，价值百万。有人说：'赏得太重了。'您回答说：'我即位以来，还没有个提意见的，所以要赏他。'这是您引导臣下使之进谏的事实。后来柳雄诈称在隋朝所授的官职，以求升迁，被官吏查出，弹劾了他作伪之罪，将要处死，戴胄上奏应判徒刑，争执再三，然后才免了死罪。您对戴胄说：'只要像你这样守法，就不怕刑罚不当了。'这是您愉快地接受别人意见的事实。最近皇甫德参上书说：'修建洛阳宫，使人民辛苦劳累；征收地租，是加重赋税；民间崇尚高高的发髻，是宫中影响所致。'陛下生气地说：'这个人想使国家不役使一人，不收一点租税，宫女都没有头发，才合他的心愿。'臣上奏说：'臣子上书，不激切就不能启发

君王的思虑，激切就近于讥刺毁谤了。'当时，陛下虽然听从了臣的意见，赏给他布帛并停止了这些事情，而心中毕竟不满。这说明您难于接受规谏了。"

唐太宗恍然大悟地说："不是您，没有人能指出这一点。人苦于不自觉呀！"

◎故事感悟

在太宗的贪欲刚刚萌发之际，魏征的一席话像警钟一样敲醒了唐太宗，也使得他懂得了君王应时刻提醒自己，自觉接受群臣的监督，这才是真正的明主啊！

◎史海撷英

魏征直谏

贞观初年，濮州刺史庞相寿因贪污而被人告发。按照唐朝的法律，他受到了追还赃款、削除职务的处分。这天，唐太宗李世民正在休息，忽然接到秦王府老部下庞相寿冒死求见。太宗点点头勉强同意了。

一见到庞相寿，唐太宗就气不打一处来，劈头盖脸把他臭骂了一通。待太宗发完脾气后，庞相寿便嘟囔地求道："皇上，罪臣自随陛下以来，出生入死，对陛下忠心耿耿，今天不慎做了糊涂事，恳请陛下看在几十年相随的份儿上，饶罪臣一回吧……"

"别说了！"唐太宗气愤地打断了庞相寿的话。

晚上，唐太宗回到寝宫后，回想起白天的事，有点心软了。庞相寿贪污，也许是因为妻子儿女太多，开支花销太大，穷得没法吧。想到这里，他不禁动了恻隐之心，于是派人给庞相寿传话：你是我的老部下，贪污大概是因为穷，现在我送你100匹绢，继续做你的刺史，以后注意不要贪污就是了。

皇帝徇私情，袒护一个老部下，在封建社会这是十分平常的事。然而，魏征知道此事后，马上上书太宗，表示反对："陛下，奖赏的时候不要忘了疏远的人；处罚的时候，不要顾忌亲贵。治天下要公平为规矩，仁义为准绳。这样才能让人

心悦诚服；否则就会纲纪混乱，令不行而禁不止。邪恶一旦恣肆，天下就不稳定了！庞相寿是您的老部下，就为这种关系，您不追究他的贪污罪，反而加以厚赏，留任原职，这样做实际上是在鼓励贪污。您过去为秦王时，部下很多，如果他们都因此而贪赃枉法，皇上您怎么办呢？势必上行下效，不但形成包庇徇情之风，更重要的是纵容贪官污吏。请陛下您自己考虑一下后果吧！"

在封建时代，皇帝的话就是金口玉言，不可更改的，更何况是这种"口谕"，魏征的谏诤虽是从维护皇权统治出发的，但却很让太宗下不了台的。但是，唐太宗究竟是一位明智之君，魏征的奏疏使他猛醒，因此立即撤销了自己的处理决定，维持原判。

◎文苑拾萃

述怀

（唐）魏征

中原初逐鹿，投笔事戎轩。

纵然计不就，慷慨志犹存。

杖策谒天子，驱马出关门。

请缨系南粤，凭轼下东藩。

郁纡陟高岫，出没望平原。

古木鸣寒鸟，空山啼夜猿。

既伤千里目，还惊九折魂。

岂不惮艰险，深怀国士恩。

季布无二诺，侯嬴重一言。

人生感意气，功名谁复论！

奉和正日临朝应诏

（唐）魏征

百灵侍轩后，万国会涂山。

岂如今睿哲，迈古独光前。

声教溢四海，朝宗引百川。

锵洋鸣玉佩，灼烁耀金蝉。

淑景辉雕辇，高旌扬翠烟。

庭实超王会，广乐盛钧天。

既欣东日户，复咏南风篇。

愿奉光华庆，从斯亿万年。

长龄治贪官

◎一滴水，用显微镜看，也是一个大世界。——鲁迅

长龄（1759—1839年），萨尔图克氏，字懋亭。内蒙古族正白旗人，尚书纳延泰子，惠龄之弟也，清朝大臣。乾隆中，由翻译生员补工部笔帖式，充军机章京，擢理藩院主事。从征甘肃、台湾、廓尔喀，累擢内阁学士，兼副都统。

长龄文武全才，为人正直，最痛恨贪官污吏。

嘉庆时期，长龄任浙江巡抚，到任不久，听说仁和县的县令贪污勒索，百姓怨声载道。

一天晚饭后，长龄装扮成普通老百姓的模样出衙私访。在路上，恰好碰上了仁和县县令出巡，前面两人鸣锣开道，后面一队仪仗，最后是知县大人的轿子。他故意从仪仗队伍中横冲过去，衙役们厉声呵责，将他一把抓住推到轿前。仁和令一看，原来是巡抚大人。这一惊非同小可，赶忙下轿请罪。

长龄问他："你出来干什么？"

仁和令回答说："卑职因近来街坊不清，特出来巡夜。"

长龄冷笑道："现在还不过二更时分，夜巡未免太早了吧。而且你夜巡是要安定市面，捉拿奸小，现在你侍卫一大队，锣声震全市，作奸犯罪的人早就逃之夭夭了，你巡什么呢？算了吧！你下来换了官服，叫侍役们回去，你我到市面随便走走。"

仁和令听长龄这么说，没法推卸，只好要侍役们回去，自己也换上便衣跟着长龄在市面上闲走。两人边走边谈，来到一座酒店门前，长龄说："走累

了吧，吃一杯如何？"

两人进店来，喊了几碟小菜，一壶酒，边吃边谈。酒店老板前来斟酒，长龄叫他一旁坐下，问道："生意不错，赚头还可以吧？"

老板见问，长长地叹了一口气："什么可以，能够保住血本，就算不错了。"

长龄问："为什么呢？"

老板说："捐税太多。"

长龄说："你小本经营，哪来那么多捐税？"

老板说："客官，您有所不知，我们仁和县这位青天大老爷爱财如命，各种捐税名目繁多，地税、房税、人头税、牌照税等等自不用说，还有供派要收夫役税，造常平仓要收建仓税，设育婴堂要收保婴税，设救济院要收养老税，冬天有消寒税，夏天有去暑税。孔夫子的生日，观音菩萨的生日，知县大老爷自己的生日，都要收税。而且收税的差役一来，要好酒好肉招待，像我这样经营小本生意的实在没有办法支持下去了。听说知县大老爷还花1000两银子买了一个妓女作妾呢！"店老板越说越气愤，他根本不知道坐在他面前的一个是新任巡抚，一个正是他的父母官呢！

长龄连忙打断他的话，说道："你说的不完全是事实吧，要是真如你所言，他上面还有知府、按察使、布政使、巡抚，难道一点都没有觉察吗？"

店老板一声冷笑，说道："官官相护，从古到今就是这样，有什么用？就是有个包龙图，受害的又不只我一个，我这个小店主又怎么会去越级上告呢？"说完店老板就起身去招呼别的客人去了。

仁和县令在一旁坐立不安，神色沮丧。长龄付了账，和他一同出来，到了外面，长龄对他说："小人胡说乱道，我不会轻听轻信，你也不要介意。"

两人又走了好一会儿，长龄说："现在是巡夜的时候了，你回衙去带人来巡夜，我也要回去休息了。"于是两人就分道而行。

长龄等县令走远之后，马上又返回酒店，店主说："客人又来了，是不是遗失了什么东西忘记拿走了？"

长龄说："不是，你这里酒好菜好，我刚才吃得还没有尽兴，再来几杯。"

于是又要了一壶酒，几碟菜，独自一人慢慢品尝起来。一直吃到别的客人都走了，店主要关门了，长龄拿出一两银子对店主说："我今天吃得太多了，走不动了，就在你这里借住一晚算了。"

店主说："我这是酒店，不是客栈，没有客房。"

长龄说："不要紧，你就在这里替我开一个临时铺，这一两银子就算付给你的酒钱和宿费，多的也不用找了。"

店主心里一想，自己至少可得5钱银子的便宜，而且也乐得行个方便，于是便答应了。铺开好了，长龄和衣倒头便睡，一会儿便鼾声如雷。

天刚麻麻亮，砰！砰！砰！一阵急促的敲门声响起，长龄一跃而起，赶忙打开店门，两个公差，一个拿拘票，一个拿铁链，进门就问："你是何人？"

长龄说："我是这里的店主。"公差一把锁上，拖了就走，店主穿好衣服赶出来，人早走远了。他以为昨晚借宿的是一个有案在逃的江洋大盗，被拘捕归案了，吓得不得了，庆幸自己还没有被拖累进去。

长龄被差役捉拿到县衙，在大堂右侧一间耳房内关押了一个多时辰，等候审讯。他用毡帽蒙着头，不言不动。卯时到了，鼓声响起，知县升堂，一声吆喝："带犯人！"

长龄被带到堂下，仁和令一拍惊堂木，喝一声："你见了本县为何不跪？"长龄微微一笑，脱下毡帽："老兄，别来无恙否？"

仁和令一见大惊，连滚带爬来到堂下，命衙役赶快松锁，摘下自己的顶戴，长跪请罪。长龄根本不理，径直向前，走到公案边，抓起县印，揣在怀里，笑着说："免去了我一员摘印官。"说完扬长而去。

◎故事感悟

长龄做官知道官场的黑暗。为了惩治县令，自己身陷危险之中，查清状况，为百姓除害。县令的贪欲使其头脑发昏，为报复揭发他的店主人，置其他一切后果于不顾，终于葬送自己的政治前途。

◎史海撷英

长龄征剿张格尔

1826年8月27日，清道光帝任命伊犁将军长龄为扬威将军，着手部署征剿张格尔事宜。

10月，朝廷以扬威将军长龄为总指挥官，调乌鲁木齐提督达凌阿、伊犁领队大臣祥云保分统满汉官兵各数千人；又封陕甘总督杨遇春为钦差大臣，率兵五千余人；再调山东巡抚武隆阿统吉林、黑龙江马队3000骑一齐出关，在阿克苏集结兵力共3.6万余人，开始向喀什噶尔挺进。

11月，清军在柯坪战役获胜，夺回乌什，控制了进攻喀什噶尔的门户。1827年3月3日，清军集主力2.2万人，在巴尔楚克军台（今巴楚县）又告大捷。长龄分兵3000名镇守，掌握了到喀什噶尔与叶尔羌的岔路要冲。

3月19日，杨遇春率领提督杨芳等人到达大河拐（在今克孜勒河下游），张格尔派兵3000名前来袭营，结果被杨芳击败。张格尔急忙派兵从大河拐至洋阿巴特（即英阿瓦提，在今伽师县东），沿途挖掘战壕并决河冲毁道路，力阻清军进兵。翌日，张格尔集5万人马屯防洋阿巴特，布阵二三公里于沙冈之上。

清军兵分三路进击，长龄、杨遇春任中军主帅，左路武隆阿、右路杨芳，三军齐头并进分路夺冈，一战歼敌1万、生擒五千余人。清军顺利地推进到排素巴特（今伽师县），再歼敌万余、生俘3000人，距喀什噶尔已不足50公里。

◎文苑拾萃

拟古

（清）纳兰性德

朔风吹古柳，时序忽代续。

庭草萎已尽，顾视白日速。

吾本落拓人，无为自拘束。

倜傥寄天地，樊笼非所欲。

嗟哉华亭鹤，荣名反以辱。

有客叹二毛，操觚序金谷。

酒空人尽去，聚散何局促。

揽衣起长歌，明月皎如玉。

林则徐"求雨"

◎为震而惧，以检己行，检行有则而无所惧，乃享震之
福。——《易经》

> 清末政治家林则徐去广州查禁鸦片之前，曾在湖广总督任上大力查禁鸦片，取得很好的效果。

可是1838年遇到罕见的大旱，田地里收成大减，米价十分昂贵，老百姓一个个饿得皮包骨头。林则徐忧心如焚，除了拿出自己的薪俸周济饥民外，还动员下属们尽力捐助。然而，两湖的官员们口头上说尽同情百姓的好话，轮到真要出钱了，又一个个诉说自家经济的困难，有的干脆说有了上顿没下顿，家无隔夜之粮，结果没有人捐出一文钱来。

林则徐见状，也不言语。第二天，他让人在官府衙门前张贴告示，说明某日他要率领众官设坛求雨，在这两天内大家必须沐浴戒荤，表示对苍天的真诚之心。

到了求雨那天，沐浴清心的林则徐徒步来到广场，走上高坛，俯伏在地，念念有词地祷告起上苍来。大小官员们也鱼贯走上高坛，俯伏在地祈祷。

求雨仪式完毕，林则徐叫侍卫在高坛下铺设了大片芦席，自己带着官员们依次坐在芦席上休息。

当时烈日当空，炎热异常。一直娇生惯养的官老爷们坐了没多久，就一个个口渴头晕，面色灰白起来。

林则徐这才说道："平时我们一直高高在上，过着饭来张口、衣来伸手的富贵生活。在这大旱之年，我们怎知道'农夫心内如汤煮'的情景？今天，

我愿意跟大家都来尝尝贫苦百姓在烈日下挥汗锄禾的苦滋味。"

过了大约三炷香工夫，林则徐才说："看来我们喉咙里都冒火了，茶水可不能不喝啊！"

说完，林则徐即刻传唤差役将凉茶桶扛了过来。他自己拿了葫芦瓢先舀了一瓢"咕咚咕咚"地喝了个饱，官员们当然也迫不及待地依次喝了。

不一会儿，由于冷热交攻，林则徐首先呕吐出来，接着大家都呕吐了，弄得芦席上狼藉不堪。

林则徐笑道："这样倒可以量量各人的心肠和家庭经济状况了。"

于是，林则徐亲自检验各人的呕吐物，叫侍卫把所含的成分一一记录在案。检查结果，林则徐自己吐出的是粗糙低劣的杂粮野菜，而大小官员们吐出的不是山珍海味就是鱼肉荤腥。

林则徐严肃地望着众官员低下的脑袋，沉痛地说："今天我真心诚意地向天求雨，为的是解除旱情，让百姓活下去。可你们是不是素食素水，真心诚意啊？再说，前几天我号召大家慷慨解囊，捐助灾民，你们一个个哭穷，有的还说什么揭不开锅啦，今天看看你们吃的都是些什么呀？我说啊，天公所以如此发怒，制造旱灾，完全是因为你们做官当老爷从不体恤民困的缘故啊！"

官员们自知理亏，又羞愧又恐惧，生怕林总督要处罚他们，结果纷纷报上捐款济民的数额。

◎故事感悟

迷信是愚昧无知的表现，真理与科学是破除迷信的有力武器。"不入虎穴，焉得虎子？"林则徐对迷信进行有力地抨击，用"理"字让官员明白了什么是对、什么是错，如何为百姓谋利、为国家着想。

◎史海撷英

林则徐治理湖北

道光十七年（1837年）正月，林则徐升任湖广总督。面对湖北境内每到夏季大河常泛滥成灾的境况，林则徐采取了有力的措施，提出"修防兼重"，使"江汉数千里长堤，安澜普庆，并支河里堤，亦无一处漫口"，对保障江汉沿岸州县的生命财产作出了不可磨灭的贡献。

与此同时，林则徐还整饬吏治，严惩贪赃枉法的行为。"要正人，先正己"，"身教重于言教"，林则徐还十分注意严格要求自己，事事以身作则，处处为人表率。在出任湖北布政使时，林则徐入湖北发出《传牌》，禁止沿途阿谀奉迎，借端勒索。在总督任内，他仍然保持着"一切秉公办理"的作风。林则徐办事兢兢业业，是当时官场中最廉明能干、正直无私、受群众爱戴的好官。

◎文苑拾萃

林则徐祠堂

林则徐祠堂位于福建省福州市的澳门路，靠近著名的南后街，额称为"林文忠公祠"，始建于光绪三十一年（1905年）。

祠堂高大的牌楼式大门槛气势凌空，大门前立有一对石狮拱护，栩栩如生。大门内是"仪门厅"，中间有石铺的甬道，两侧分立八尊青石雕刻的石人、石兽。两旁的回廊里，陈列着二十多面的仪仗执事牌，有"紫禁城骑马"、"湖广总督"、"两广总督"、"江苏巡抚"、"陕西巡抚"等等。有楹联曰："焚毒冲云霄，正气壮山河之色；挥旗抗敌寇，义证夺鬼魅人心。"令人高山仰止，感慨万端。

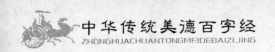
陶行知追求真理做真人

◎行是知之始，知是行之成。——陶行知

陶行知（1891—1946年），中国伟大的人民教育家，民主革命家。毕业于金陵大学，后赴美国留学，师从著名教育学家杜威。1917年回国，历任南京高等师范学校教授、教务主任等，反对沿教"袭陈法"，推行平民教育。五四运动后，陶行知即从事平民教育运动，创办了晓庄师范学校。1930年4月，国民党政府以"勾结叛逆，阴谋不轨"的借口，武力封闭晓庄学校。陶行知受到通缉，被迫临时避难于日本。1931年春，陶行知返回上海，任《申报》总管理处顾问，对当时《申报》的革新起了相当大的作用。

1927年3月15日，在南京北郊劳山脚下一块坟地上放了一张八仙桌，几条长凳，看样子这里正准备开会似的。可是，会场上没挂横幅，没贴标语，没插彩旗，也没有雪白的台布，只有充满欢声笑语的人群。人群中除了学生模样的男女青年外，还有不少村民。

原来，这里将要举行一个试验乡村师范学校（后改为晓庄师范）的开学典礼。时间到了，只见校长走到八仙桌旁，操着浓重的徽州土音致开会词。他说："今天是我们试验乡村师范开学的日子，我们没有教室，没有礼堂，但我们的学校是世界上最伟大的。我们要以宇宙为学校，奉万物作宗师。蓝色的天是我们的屋顶，灿烂的大地是我们的屋基。我们在这伟大的学校里，可以得到丰富的教育……"

他的语气非常肯定，好像并不是夸大而是要实行。人们静静地听着，心里在想，这位校长的气魄可真大，在这片荒坟地上谈什么"世界上最伟大的学校"。可是，看到这位校长全身似乎都充满着创造的精力，不由得使人感到一种新奇的力量。接着，这位校长又说了："今天到会的农友很多，他们是我们的朋友，以后我们要他们帮助的地方还有很多，我们需要和大家做亲密的朋友，向他们好好地学习。你们不要以为乡下人没有知识，一般大学生念过不少自然科学的书，到了乡下便不认识麦子，说韭菜何其多也！……"

这次开学典礼，是中国教育史上的一件大事，它标志着中国乡村教育运动的诞生。这位校长正是从美国留学归来的东南大学教授兼教育科主任、中华教育改进社主任干事、身兼几所中学校长的著名教育家陶行知。

陶行知出生在安徽歙县农村的一个贫寒之家，自小聪明好学。在崇一学堂读书时，两年修完了三年的中学功课，以优异的成绩考入杭州广济医学堂，但因经济困难只得退学。后得到崇一学堂校长的资助，考入南京金陵大学。四年后他又以全校总分第一的成绩提前一年毕业，在金陵大学校长的帮助下赴美留学。在美国哥伦比亚大学获政治硕士和教育文监（相当于硕士）两个学位。从此，他立下了"教育救国"的志向。

早在中学读书时，陶行知就是一个胸怀大志的热血青年。他在自己寝室的墙壁上挥毫写道："我是一个中国人，要为中国作出一些贡献来。"他常说："人生为一大事来，要做一大事去。"但他并不是个空怀大志的幻想家，家境的贫寒、世道的衰落、外强的侵侮，促使他面对现实。尤其是他看到祖国国势弱、人民穷、文盲多的严峻事实，激发他去寻找一条通过教育来拯救中国的道路。他在回国的轮船上对朋友们说："我要用'四通八达的教育，来创造一个四通八达的社会'。""我要使全国人民都有受教育的机会。"他不仅是这样说的，而且以后也是朝此目标去做的。

陶行知回国后不久，就被聘为南京高师教育科教授，开始了他在中国实现"教育救国"的生涯。20世纪20年代初的中国教育界虽然在学制、教学内容等方面已经开始了向英美学习的改革，但在教学方法上仍沿袭中国传统的"教授法"，即教师教、学生听，教师照本宣科，学生死记硬背。

陶行知认为，这样下去，那些活泼可爱的孩子都变成个书架子、字纸篓。

所以，他提出了改"教授法"为"教学法"的建议，即教与学合一，教师的责任不完全在教，而应当同时注重教和学，教导学生如何学习。

可是，他的建议几乎遭到当时南京高师教授们的一致反对。有的说他标新立异，有的对他嗤之以鼻。但初出茅庐的年轻教授陶行知毫不退让，他认为这是改革中国教育的第一步，必须坚持下来。于是，他走出校门，到社会上去呼吁教育改革。他陆续发表了《试验主义与教育》、《教学合一》等论文，批判传统教育，提倡教育改革。

五四运动后，在新文化运动的冲击下，南京高师终于接受了陶行知的改革建议，把全部课程中的"教授法"改为"教学法"。同时还进行了其他一些改革，诸如试行选科和学分制，男女同校，开办暑期平民学校等。陶行知的教育思想得到部分实现，他本人从此也成为中国教育界的"闻人"，被推为南京学界联合会会长，中华教育改进社主任干事。

为了实现用"四通八达的教育，来创造一个四通八达的社会"的理想，陶行知在推行教学方法、教育制度改革的同时，积极提倡平民教育，试图通过普及平民教育启发民众智慧，找到一条拯救中国的道路。用他的话说，就是"挽救国家厄运并创造一个可以安居乐业的社会交与后代"。在陶行知心中，涌动着对广大下层民众的深厚感情。

一次，陶行知在给妹妹的信中写道："我本是一个中国平民，无奈十几年的学校生活渐渐地把我向外国的贵族方向转移。学校生活对于我的修养固有不可磨灭的益处，但是这种贵族的风尚却是很大的缺点，好在我的中国性、平民性是很丰富的。我的同事都说我是一个'最中国的'留学生。经过一番觉悟，我就像黄河决了堤，向那中国的平民化的路上奔流回来了。"

就这样，陶行知积极投入到了平民教育的实践中。他亲自编写《平民千字课》的教材来代替《三字经》、《百家姓》等旧式平民识字本。他奔走于南京、安庆、北京、南昌等地，创办平民读书处和平民夜校。他发动暑期留校的同学们每晚教邻近的平民识字，他自己也经常出现在教室里，毫无留洋教授的架子。他像行脚僧似的，跑遍了南京的旅馆、菜馆和寺院，宣传他的平民教育思想，他甚至还在自己家中设立"笑山平民读书处"。在他和朱其慧、晏阳初等人主持的"平民教育促进会"的推动下，平民教育成为"五四"后颇为流行的社会思潮，社会各阶层，甚至远及边疆省份，许多省、市和县中都建立了"平民读书处"、"平民夜校"。

可是，20世纪20年代的旧中国外侮不断，军阀混战，民不聊生。这哪里是教平民读书识字的环境？况且，教平民识几个字岂能改变他们的命运？所以，陶行知的平民教育运动并没有收到预期的效果。

平民教育运动的失败，并没有改变陶行知立志"教育救国"的决心。在城市搞平民教育行不通，那么在农村行不行呢？他开始注意到中国农村的教育。他逐渐领悟到中国是个农业国，农民占总人口的85%。国家能否国富民强，根子在农村。中国农村之贫穷落后远比城市更甚。

于是，陶行知将他的平民教育思想又向前推进一步，提出了"教育必须下乡，知识必须给予农民"的口号。他从城市平民教育运动的失败中总结出失败的重要原因是缺少一支坚定的队伍。他给自己定下的努力目标是"募集100万元基金，征集100万位同志，提倡100万所学校，改造100万个乡村，使一个个乡村都有充分的新生命"。他为乡村教师们题写了一副对联："捧着一颗心来，不带半根草去。"这四个"100万"是多么宏大的气魄、崇高的理想！而这"不带半根草去"又是多么高洁的心灵！就这样，他辞去了大学教授和安徽公学校长的职务，放下了手中主办的《新教育》杂志，辞谢了武昌高师（武汉大学前身）和吉林大学校长的聘请，出现在本文开头的那个开学典礼上。

在晓庄师范办学的三年，在陶行知的人生道路上具有十分重要的意义。起初，他崇信王阳明的"知行合一"学说，连名字也改成"知行"。后来，他在自己的实践中发现王阳明的"知行说"与现实生活格格不入，他便毅然抛弃了王阳明的"知行合一"论，提出"行是知之始，知是行之成"的理论，把名字由"知行"改为"行知"。这不是简单的名字顺序的调整，而是陶行知认识论上的一大飞跃。在晓庄办学中，他又把这种认识论上的转变具体化为一种"生活教育"理论，这个理论强调"生活即教育"、"社会即学校"、"教学做合一"。他以晓庄师范为其试验基地，特别强调在实践中学习真正的知识。他形象地说："行动是老子，知识是儿子，创造是孙子。"

晓庄师范和城里许多洋学堂不同。在招生广告中，陶行知就明确写道：
"小名士、书呆子、文凭迷，最好不来！"招生考试也很独特，考试科目除了
作文、常识、演说外，还把开荒等体力劳动作为一项十分重要的内容。在培
养目标上，陶行知把它规定为"农夫的身手、科学的头脑、艺术的兴趣、改
造社会的精神"。第一届学生13人招进来后，他带着他们光着两只脚，在荒山
旷野上搭起帐篷，一边学习，一边劳动。他在学生和农友们共同修建的大礼
堂上题名为"犁宫"，并在门口写了两副对联，一副是：

> 和马牛羊鸡犬豕做朋友，
> 对稻粱菽麦黍稷下工夫。

另一副是：

> 以教人者教己，
> 在劳力上劳心。

陶行知又为学校的图书馆起名为"书呆子莫来馆"。他为晓庄师范的发展
描绘了一幅蓝图，并用大幅白布把它生动地画了出来：在图的中央有一个大圆
圈，中写"活师范"三字；周围连着不少小圆圈，中写"活中心学校"；每一
个"活中心学校"周围又伸出许多触角，上书"实际生活"。在他的努力下，
晓庄师范附近先后办起了万寿学院、吉祥庵学院、和平门学院等活中心学校，
还建立起了农村小学、农民夜校、农村医院、民众茶园、农村木工厂、农村
合作社等等。

随着晓庄办学事业的发展，陶行知的教育思想在全国的影响日益扩大，
前来参观学习的教育界人士络绎不绝。1930年3月的一天，陶行知正在大会
上给全体师生讲话。突然，负责招待的同学来报告说，蒋介石偕夫人宋美龄
及随从数十人来到晓庄师范。

原来，蒋介石看到陶行知办乡村师范出了名，想为自己捞点关心乡村教

育的政治资本，便突然来到晓庄"视察"。一心办教育从不图名利的陶行知哪知个中蹊跷，他对那个学生说："我正在讲话，不好走开，问他可有事找我？如果不是有事找我，就由你们招待一下，并代我向他表示抱歉。"结果，蒋介石一行在学生带领下参观一遍便悻悻离去，陶行知始终没有去见他。此事使蒋对陶行知怀恨在心。所以，在一个月后，因晓庄师范师生参加了南京市民组织的声援罢工工人并反对日舰停泊下关码头的示威游行，恼怒已久的蒋介石立即以"勾结反动分子阴谋不轨"的罪名，派兵查封、占领了晓庄师范，30多名学生被捕，14人惨遭杀害。陶行知也受到通缉，被迫流亡日本。

　　血淋淋的事实，深深教育了这位不问政治、幻想教育救国的教育家。他深刻地反省了自己在"教育救国"道路上追求真理的过程，感悟地说："教育不过是达到农民解放的一个工具，这个工具是重要的，但最重要的还是武器。""教育脱离政治是一种欺骗，在中国想做一个不问政治的教育家，是不可能的。"从此，这位追求爱洒人间、育才救国的教育家，在其教育救国的生涯中又注入了有鲜明阶级感情的民主主义色彩，成为一个坚强的民主战士，被周恩来誉为"一个无保留追随党的党外布尔什维克"。

　　1931年，陶行知从日本潜回上海，集合了晓庄学校校友和一些从国外归来的科学家，发起"科学下嫁运动"。他还提出了办"工学团"的主张。他解释说："'工'就是做工。工以养生，就是教人民大众生产劳动来养活自己。'学'就是科学。学以明生，就是教人民大众研究社会科学和自然科学。一则明了自己为什么会受苦受难，被人欺侮压迫，如何才能求得出路；一则用自然科学来增加生产和破除迷信。'团'就是团结。团以保生，就是教人民大众团结起来，保卫自己生存的权利。"很显然，陶行知这时的教育主张有了团结民众反抗剥削、压迫的成分。

　　抗战爆发后，陶行知回到武汉。蒋介石想利用陶行知的名望来收买人心，他亲自出面拉拢陶行知加入国民党，并一口答应给他高官厚禄，宋美龄也出面"请"他担任三民主义青年团中央总干事。陶行知都断然拒绝，他全身心地投入了"国难教育"。

　　陶行知在重庆创办了一所新型学校——育才学校。他给育才学校制定的办学方针是："学习民主，帮助创造民主的新中国；学习科学，帮助创造科学的新中国。"这是一所为流浪到重庆的难童开办的学校，得到了驻重庆中共办事处周恩来、董必武等人的大力支持。由于陶行知办育才学校得到共产党的支持，也由于他坚持实行民主教育原则，不按国民党那一套办学方针行事，所以得不到当时政府的任何资助，学校的经费来源主要靠进步人士募捐。当时国统区物价飞涨，两百多名师生的生活处于极其困难之中，常有断炊之虞，大家只得每天改吃两餐。面对这种艰难的处境，陶行知说："为了苦孩，甘为骆驼；于人有益，牛马也做。"

1944年底，陶行知加入了中国民主同盟。1945年10月，他当选为民盟中央常委兼民主教育委员会主任委员，主编《民主教育》和《民主》周报。对抗战胜利后国民党反民主、反和平的行径，陶行知痛心疾首，大声疾呼。他坚决地提出了"民主教育运动"的口号。他认为，民主教育就是人民的教育，人民办的教育，为人民自己的幸福而办的教育。民主是"中国的救命仙丹"，"它好比是政治的盘尼西林，可以肃清一切中国病"。民主教育"就是要在民主生活中学习民主，在争取民主的生活中争取民主，在创造民主的新中国的生活中学习创造民主的新中国"。此后，我们看到的陶行知，不再是温文尔雅的教育家，而是一个斗志昂扬的民主斗士。

1945年12月1日，昆明发生了蒋介石政府残酷镇压要求反内战的学生运动的"一二·一惨案"，重庆进步人士定于12月9日在长安寺公祭被害烈士。陶行知亲写祭文、作挽诗。挽诗写道："是谁杀中国人？是中国自己的'好汉'；是哪儿来的枪？是从'友邦'来的枪。"

在参加追悼会前，陶行知作好了牺牲的准备，他在给妻子留下的遗书中写道："我现在拿着昨晚编好的诗歌全集去交给冯亦代先生出版，然后再到长安寺去祭奠昆明反内战被害烈士。也许我们不能再见面，这样的去是不会有痛苦，希你不要悲伤。你有决心，有虚心，有热心，望你参加普及教育运动，完成四万万五千万人之启蒙大事以奠定天下为公之基础，再给我一个报告。"在第二天早晨的育才学校会议上，他又说："参加（公祭）是危险的！只要是有正义感有爱国热忱的人都应当去参加。我是校长，我不强迫大家去参加，也不阻止大家去参加，可以自愿地去参加。"

随着民主运动的发展，国统区的白色恐怖也愈来愈严重了。继国民党反动派制造镇压民主人士的"泡白堂事件"、"校场口事件"、"下关惨案"后，李公朴、闻一多两位民主人士在昆明被杀害的消息也传来了。因为陶行知在几次惨案后都公开在群众大会、记者招待会和报纸上揭露国民党反动独裁、内战和暗杀的罪行，在短短100天中，他深入各大中小学、工厂、农村和机关，作了以"反内战、要民主"为内容的讲演一百余次。他也被国民党特务列入了黑名单。他的住所遭到国民党宪兵的搜查，处境非常危险，最后不得不经常转移住址，借居朋友家。

这天，陶行知接到朋友翦伯赞的电话，通知他特务暗杀的黑名单上第三名便是他，要他提防"无声手枪"。陶行知十分冷静地说："我等着第三枪！"他当晚给育才师生员工和育才同学会写了两封信，"提议为民主死了一个就要加紧感召一万个来顶补"。并谆谆教导育才校友"立志把自己造成一位英勇的民主战士。不但如此，还要做民主的酵母，使凡与我你他接触的人，都发起民主的酵素，成为一个个的英勇的民主战士"。

在得知自己被列入黑名单后，陶行知更加努力地工作。白天，他积极倡导成立"中国国际人权保障同盟会"；晚上，他加紧整理文稿，书写对联，卖字兴学，一天只睡三四个小时。最因劳累过度、刺激过深，突发脑溢血逝世，年仅55岁。

在弥留之际，周恩来闻讯赶来，俯身紧握陶行知的手，流着泪说道："陶先生放心去吧！你已经对得起民族，对得起人民。你的未了事会由朋友们、由你的后继者坚持下去、开展下去的，你放心去吧！我们必定争取全面的永久的和平实现民主来告慰你的。朋友们都得学习你的尽瘁民主事业直到最后一息的精神。"

◎故事感悟

陶行知从早期从事"教育救国"到献身于中华民族解放事业的一生，堪称中国知识分子的楷模。这就是教育家陶行知，不向任何虚伪作假妥协的真人陶行知！当今社会，陶行知式的"真人"怕是难于立足了。于是，我们想起南京晓庄陶行知墓门两侧镌刻的文字："千教万教教人求真，千学万学学做真人。"千古遗训，垂范万世！

◎史海撷英

陶行知的无私

有一次，陶行知得到了一万多元的稿费，拿回家便锁到了柜子里。承担着所有家务的妹妹看见了，便问他："家里有老有小，钱也不多，你能不能留四分之一给家里用？"

陶行知想了想，温和地说："我要去南京劳山脚下办晓庄师范，这钱是要作为办学经费的。我们家虽然穷，但粗茶淡饭还能维持。中国有3.4万农民不但没有饭吃，更没有文化。用这些钱去办学校，是为农民烧心香，也是尽我们的绵薄之力去帮助他们。你在家里省着点用，算是帮我去办大事吧！"

妹妹理解地点了点头。